いのちにつながるコミュニケーション

和解の祝福を生きる

富坂キリスト教センター編
田代麻里江・小笠原春野
酒井麻里・白石多美出
三村修・岡田仁

いのちのことば社

はじめに

「人生が終わりに近づいていることを知った患者さんから、『どうしたらあの人に赦《ゆる》してもらえるかなぁ……』とつぶやかれて、なんと答えてよいか困ってしまいました。」

「そうそう、『ざんげしたいんです』とおっしゃる方が、けっこうおられるのよね。」

これは、人生の終末期にある患者さんへのたましいのケアについて学ぶ看護職者の研修会で、実際に看護師さんたちの間で分かち合われた会話です。この発言を聞いて、他の看護師も大きくうなずいていました。

これまでの歩みの中にはだれしも、後悔するような関係性がいくつかあるでしょう。その人と会わなくてすむようになると、いったんはそのことがなかったかのように思われるかもしれません。けれども、実は心の片隅に姿を潜めているだけであって、様々な局面でひょっこり顔を出し、私たちを不安な気持ちにさせるのではないでしょうか。そして人生の最後に、大きな顔をして私たちの意識の上によみがえってくるのです。

どうしたらこんな思いをしなくてすむのでしょう。うまくいかない人間関係で凍えた私たちの心を温め直すには、どうしたらよいのでしょうか。

私たちには、周りの人と平和で穏やかな関係でありたい、身近な人に理解されたい、自分のことを大切にしてもらいたい、また相手の思いを理解し、同じ気持ちでその人の喜びを祝いたい、という思いがあるのではないでしょうか。

しかし、現実の世界でそのような関係性を手に入れることは、決してたやすいことではありません。そうしたことは、常に周囲に気をつかい、努力することによってようやく得られるものなのでしょうか。もしかすると、私たちはそういう面倒なことはうんざりだと感じ、人との距離を置いて、平坦《へいたん》で無難な日々を歩むことを選んでしまうかもしれません。けれども、その先にはいったいどんな人生が待っているのでしょう。

私たちの願いとは裏腹に、私たちの生きる世界は引き裂かれているように見えます。しかし、この世界は、その創造の始まりから祝福されたものであると聖書は語っています。イエス・キリストがこの世に来られたのは、そうした神の祝福のメッセージをよりリアルに私たちが知るためでした。引き裂かれたように見える世界に、私たちのただ中にイエスが来て、その歩みを通して神の国を見せてくださいました。私たちもそのような歩みをしたい、生きてみたい、それが、この本をつくった私たちの願いです。

この願いに、「和解の祝福を生きる」と名づけてみました。

もし、活き活きとしたいのちのつながりを取り戻すことが「和解」だとしたら、もし、今、ここに生かされているいのちの躍動を共に喜ぶことが「祝福」だとしたら、そんな人生を生きてみたい。そんな思いを「生きる」という言葉に込めました。

和解も祝福も、一回きりの出来事ではありません。それは、日々向き合い、求め、育み、仕えていく、神と人との歩みであり、いのちにつながるコミュニケーションです。

＊　＊　＊

神を信じていれば、聖書を読んでいれば、信仰に熱心であれば、自然に良い人間関係が結べるのではないかと思いがちです。人との良いつながりをつくるために、確かに私たちは神の力、つまり聖霊に拠り頼む必要があります。同時に神は私たちに、人間関係を円滑にするための知恵をも与えてくださっています。そこで、私たちはそのような知恵からも学びたいと考えました。

人と人とのコミュニケーションで表にあらわれている言葉や態度は、氷山のほんの一角です。水面下にある見えない部分には、ふだん気に留めていない様々な心の動きや深い願い、これまでの私たちの体験が詰まっています。この本では、その部分に光をあてようと思います。理解を深めるために、臨床心理学や脳科学、カウンセリングやファシリテーションなど様々な研究や実践を参照しています。

私たちが特に注目しているのが、マーシャル・B・ローゼンバーグが提唱する「非暴力コミュニケーション（NVC―Nonviolent Communication）」です。これは、「思いやりのコミュニケーション」とも呼ばれており、隣人愛の実践に非常に役立つ手法です。ローゼンバーグ氏は、人間関係において「言葉の使い方」が重要な役割を担っていることに気づきました。そして、自由で思いやりにあふれた、つながりに導く考え方、話し方などの具体的技法を組み立てました。同時に、自己と他者の外面と内面を見つめ、根源的な「意識」や「あり方」を問うプロセスを内包したNVCを体系化しました。

NVCによる対話のプロセスは、世界を創造した神が「それは極めて良かった」（創世一・三一）と言われたときの人間の姿を想起させ、互いのいのちを尊ぶ創造的な世界へと導きます。文化や宗教を超えた関係性の構築を使命とするため、NVCではその説明の中に特定の宗教用語を用いていませんが、その根底にキリスト教の精神性と通ずるものがあると感じられます。

そういうわけで、この本は、日々のコミュニケーションを読み解くために、NVCの考え方を随所で用いています。「ニーズ」「共感」「自己共感」などの言葉が出てきたら、そこはNVCの考え方を援用している部分です。付録に、NVCの世界観や前提と、実践のための四つの要素の概要を紹介していますので、ご参照ください。

＊　＊　＊

この本の構成を紹介しておきましょう。

第1章では、日ごろ私たちが体験する人間関係やコミュニケーションにまつわる出来事を集めてみました。複雑で予測のできない日常を、迷いながら生きる登場人物たちと出会います。

第2章では、日常から少しずつ世界へ目を向けていきます。「あなたと私」という基本的な枠組みの中で理解し合えなかった関係性が、次第に暴力的な世界をつくり出していく過程、そしてその仕組みを見いだすことができるかもしれません。同時に、そんな悲惨のただ中にありながら、自分にとって大切なことと深く向き合い、自分の人生や周りとの関係性を大きく変容させていった人々のストーリーに思いを馳《は》せます。ここで語られている変容が、困難の解消や逆転勝利といったサクセス・ストーリーでないことにもどかしさを覚える読者もおられることでしょう。絶望の闇の中に希望のしるしを見つけた人たちの未完の物語と言えるかもしれません。

第3章は、聖書の中の人物たちの物語です。この人たちもまた私たちと同じように、人間関係の葛藤で苦労し、涙する日々を送っています。神はその一人ひとりとどのように関わってくださったでしょうか。聖書の時代にタイムトリップして、その登場人物に出会ってみたいと思います。

第4章は、この本の核心と言えるところです。神によって創られ、良しとされているお互いの存在の美しさを味わいたいと願っています。そして、罪によって破壊された世界の中に降りて来られたイエスが、その生き方で教えてくださった神の望まれる真の和解とは何かを見ていきたいと思います。最後に、イエスがこの世に残された聖霊の働きを紹介します。私たちのたましいに、また私たちの生活のあらゆるところに共にいてくださる神の霊である聖霊は、私たちの言葉にならない感情の奥底にまで降り、私たちの苦しみにうめきながら寄り添ってくださいます。

目次を開いてみて、心をひきつけられるタイトルがあるでしょうか。この本は、気になったところから読んでいただけるように構成してみました。日常の生活の中で、関係性に悩んだり、相手に思いが伝わらず困惑したり、自分が何者であるかがわからなくなってしまったと感じるようなときに、この本と対話をしてくだされば幸いです。

この本はプロテスタント諸派とカトリック信仰をもつ者たちの対話の中から生まれてきたものですから、聖書本文は、一部を除き、『聖書 新共同訳』（日本聖書協会）を用いました。

富坂キリスト教センター「人間関係とコミュニケーション」研究会
田代麻里江　小笠原春野　酒井麻里
白石多美出　三村　修　岡田　仁

目次

装丁　トリオデザイン　藤原俊和
イラスト　酒井麻里

第1章　日常のコミュニケーション

この章では、私たちが日常の中で出会うかもしれない様々な物語を紹介します。家族の間や教会の中のコミュニケーション、職場のコミュニケーションなどの事例には、それぞれの状況をひもとく解説を付けました。そこでは、物語の中で起きていることを理解するための考え方や知識を紹介します。

1　とにかく話を聴いてください

〈事例〉

静かにドアが閉まり、青山牧師は深く呼吸をした。何かができたわけでも、問題が解決したわけでもなかった。今回も神がそこにいて導いてくださった、とつくづく感じた。

彼女がやって来たのは一時間ほど前。牧師がたまった書類を整理しようと、事務室で仕事を始めたところだった。四十代半ばの女性が突然訪ねて来て、ものすごい剣幕だった。

「先生、とにかく話を聴いてください。私はもう耐えられないんです！」

だれかが教会にやって来て、話を聴いてほしいと言われるのはよくあることだ。青山牧師は静かに仕事の手を止め、「わかりました。一時間だけですが、それでもよいでしょうか？」と答えた。女性は「はい」と言い、机の前のソファに座った。

その女性は藤川多恵子と名のった。

「本当はもう耐えられないんです。限界なんです。家族の問題をすべて私が負わなければならないなんて、納得がいきません。これまでだって、できるかぎりのことはしてきたのに、これ以上なんて無理なんです。」

そこまで一気に話した後、多恵子さんは怒りからか激しく肩で息をしていた。青山牧師はソファに座る彼女の向かいの椅子に座り、静かに彼女の顔を見つめて言った。

「限界……。ご家族のことでどんなことが起きているのか、聴かせてもらえますか?」

そこから彼女の話は三十分ほど続いた。彼女は、転勤族の夫と二人の子ども、そして夫の両親の六人家族だった。子どもたちが思春期にさしかかったころ、夫が大阪に転勤となり、単身赴任することになった。それでも夫は月に一回は帰って来て、多恵子さんが中心となり、東京に残った家族で賑やかな暮らしは続いていた。

様子が少し変わってきたのは、高齢の義父が亡くなってからだった。それまで夫に頼りきりだった義母はすっかり気弱になり、何かにつけ多恵子さんに頼み事をするようになってきた。ちょっとした買い物や、役所の手続き、銀行への付き添いなどが徐々に多くなっていった。

「あんなに気丈だった義母が、もうすっかり弱ってしまい、何から何まで私に相談してくるんです。本当にショックでした。」

次男がちょうど高校受験で大変な中、多恵子さんは義母の心配事に付き合わなければなかった。それでも家族のために頑張ってきたのだが、ここにきて、また大きな問題が持ち上がった。新学期が始まってから、長男が高校に登校しなくなってしまったのだ。多恵子さんは我が子のことがわからなくなり、目の前が真っ暗になってしまった。すぐに夫に電話で相談したが、「すまないが、おまえに任せる」、「仕事だから仕方がない」と言われるばかりで、無関心とも思える夫の態度に腹を立てていた。多恵子さんは話しながら、怒りが収まらない様子で語気を荒くしていく。青山牧師は、そんな姿を見て、うなずきながら静かに耳を傾ける。

今日は外出先からお昼過ぎに家に戻ると、義母がいない。心配していたところ警察から電話が入り、迎えに来てくれという。どうやら迷子になったらしい。多恵子さんの心はぽっきり折れてしまった。何もかも夫が押しつけてきたことへの憤りのようなものが湧いてきて、思わず教会に駆け込んだという。

「もう、これ以上は無理なんです。私にはできません。」途切れることなく話し続けた多恵子さんは、こう言うと、静かに自分の手もとをじっと見つめ、唇を一文字にぎゅっと結んだ。

それまで黙って話を聴いていた青山牧師は、多恵子さんの顔を見ながら、「それは本当に大変でしたね」と言った。その瞬間、多恵子さんは顔を上げ、視線を上に向けると、大きな息をついた。大きく見開いた瞳からみるみる涙があふれ出てきた。そこからは、しばらく涙の時間が続いた。

それから多恵子さんはハンカチで涙を拭うと、落ち着いた様子で再び話し始めた。

「本当に大変だったんです。」夫が単身赴任で家を離れた時期、息子たちは中学生。ひとりでちゃんと育てられるのかとても不安だったこと。その後の義父の入院と死に対する喪失感と後悔。立て続けに起きた長男と義母の心配事に圧倒されてしまったこと。何もかもが自分だけの肩にのしかかってくる孤独。青山牧師は、ただ黙って話を聴き、うなずき、ときには短い質問をはさみながら、多恵子さんの話に寄り添った。

しばらくすると多恵子さんは顔を上げて、穏やかに言った。「不思議なんですが、先生に全部話したら落ち着きました。私、不安だったんですね。もしかすると、夫自身も慣れない土地、新しい職場と仕事で不安なのかもしれません。私たちのことだって、心配していないわけないですよね。」そして少しの沈黙の後、「私、自分のことで精いっぱいで、夫がどんな気持ちかだなんて考えてもみませんでした。何もかも、ひとりで背負い過ぎてたんですね、私。もう一度、夫とも話してみます。おかしな話なんですけれど、先生にお話を聴いていただいて、なんだか主人の話も聴いてみたくなりました。ありがとうございました。」そう言って一礼すると、多恵子さんはあっという間に事務室を出て行った。

〈解説〉

傾聴

私たちの中の怒り、憤り、悲しみ、あるいは喜びを神が聴いてくださっているというのは、キリスト者が信じていることの一つです。神が聴いてくださっていることを私が実感できるのは、私の話を聴いてくれるだれかと出会うときです。だれかが話を聴いてくれる体験を通して、私たちは神が聴いてくれていることを実感します。相手の話を傾聴することは、私たちの話を聴いてくださる神の働きへの奉仕なのです。

「主は羊飼い、わたしには何も欠けることがない」(詩篇二三・一)。

羊飼いが羊の世話をするように、神が人間の世話をしてくださいます。神による人間の世話を、本質的な意味での「牧会」と呼んでよいでしょう。また、その神による世話に人間が参加していくことを、一般的な意味での「牧会」と呼んでよいでしょう。そして、神の働きに奉仕する傾聴を(その担い手が牧師であれ、信徒であれ)「牧会カウンセリング」といってよいでしょう。悩みを抱えている話し手に寄り添い続けようとする姿勢という面では、牧会カウンセリングも一般のカウンセリングも大きな違いはないと思われます。

「あなたがたを襲った試練で、人間として耐えられないようなものはなかったはずです。神は真実な方です。あなたがたを耐えられない試練に遭わせることはなさらず、試練と共に、それに耐えられるよう、逃れる道をも備えていてくださいます」(Ⅰコリント一〇・一三)。

神は「逃れる道」を備えてくださっています。しかし、ひとりで悩み続けても、なかなかその「逃れる道」を見つけられないということがあります。「だれか」が寄り添ってくれるとき、悩みを神に差し出し、神と対話し、「逃れる道」を見つけることが可能となります。

もし私自身が、神が備えてくださる「逃れる道」があることを確信し、その寄り添う「だれか」になるなら、そのときに神と人との仲介者としての役割を果たすことになります。仲介者としての役割を引き受けるためには、それなりの技術やそのための練習が必要かもしれません。しかし何よりも必要なのは、小さな勇気です。それは、「わたしたちはどう祈るべきかを知りませんが、〝霊〟自らが、言葉に表せないうめきをもって執り成してくださる」（ローマ八・二六）ことへの信頼です。

青山牧師は、多恵子さんと神との間に対話が起こるのを見守り続けました。多恵子さんが語り尽くし、事務室を出て行ったあと、青山牧師は深く呼吸をして思います。「何かができたわけでも、問題が解決したわけでもなかった。今回も神がそこにいて、導いてくださった。」傾聴という奉仕の中で、神の臨在を活き活きと感じたのでした。

今、何が起きているのか

「限界……。」青山牧師は多恵子さんの語った言葉の中で、強く印象に残った一言を伝え返しました。そして、「ご家族のことでどんなことが起きているのか、聴かせてもらえますか？」と尋ねます。

「ものすごい剣幕で」でやって来て、「激しく肩で息をしていた」多恵子さんは、次から次へと起きる出来事の渦の中で翻弄されていました。そして、青山牧師の質問に答えて、「今、何が起きているのか」を言葉で表現していくなかで、自分を翻弄している渦から脱出し、出来事に対処していく主体へと変えられてゆきました。

共感

青山牧師は、ただ黙って話を聴き続けているように見えます。けれども、多恵子さんの中で様々な感情、身体感覚が湧き起こったように、青山牧師の中にも様々な感情、身体感覚が生まれていました。青山牧師は、自分の体験と多恵子さんの体験が別のものであることを意識しながら、多恵子さんに関心を向け続けます。それは広い意味での共感です。

共感は能動的行為です。青山牧師は、多恵子さんの語る言葉だけでなく、表情や声のトーン、姿勢など全体に関心を向けながら、彼女に起きていることを想像しています。自分自身の中にも、いろいろと話したいことが頭をもたげてきますが、それは脇に置いて、聴き続けました。多恵子さんに寄り添い続けるなかから出てきた言葉が、「それは本当に大変でしたね」の一言でした。

このとき、青山牧師の言葉が多恵子さんの心を映す鏡となりました。その言葉がきっかけとなって、多恵子さんの関心は自分の内側へと向かいます。

相手とのつながり

自らの感情や大切なことを開示できるくらい、お互いが安心できる存在になるには、信頼関係を構築することが重要となってきます。この相互の信頼関係をカウンセリングでは、ラポール（架け橋）と呼びます。そして、話し手と聴き手の間に安心感や好感、信頼を構築するために、話すペースや声のトーンを合わせたり（ペーシング）、相手のしぐさに合わせたり（ミラーリング）するなどの様々な手法やスキルが考えられてきましたが、大切なのは、相手の存在を尊重し、そのことが伝わる行動や関係づくりをすることです。

私たちが日常会話の中で、ラポール――相手とのつながり――を形成するには、相手の話を傾聴（敬聴）するとともに、「私」自身を相手に対して開示することも大切となるでしょう。

2　幸せの食卓は紙一重

〈事例〉

夫がしきりに天気予報を気にしている。

「また予報が変わった。土曜日は大雨だなぁ。」

「土曜日は何かあるんだっけ？」

「佐藤先生を招いての特別伝道集会だよ！　大浜公園の屋外ステージでやるって、実行委員会の中村くん、張り切ってたんだ。」

夫はスマホから目を上げずに答える。

「雨なら、横の体育館でやるんじゃない？」

「やっぱり台風の影響だよ。そもそも飛行機が飛ばなきゃ、先生来られないぞ。どうするのかなぁ？」

画面は天気予報からアメダスに切り替わっている。

「台風来てるの？　月曜日は？」

「いや、もう日曜日には帰るご予定だから、関係ないよ。」

「………」

私はガックリきた。月曜日から二週間の海外出張で、留守中のことから出張先でのプレゼンテーション作成や先様へのお土産までたくさんの準備に追われて、ピリピリしていた。台風接近と聞けば、私にとっては月曜日の飛行機がどうなるのかが一大事なのに、夫にとっては「関係ない」ことなのだ、と一気に力が抜ける。伝道集会のことは、あれほど気にかけているのに……。

「月曜日から、私、いなくなるよ。」

「二週間だろ。長過ぎるよ〜。」

あれ？　私の出張のことは把握しているんだ。そして、私がいないことを残念がっている。

「ごめんね。おっきな仕事が二つ続いちゃって。来年からは海外の仕事は減らそうか？」

「それはだめだよ。君の仕事だろ。必要としてる人もいるんだし、頑張らなきゃ。僕もこっちで、ひとりで頑張るからさ。」

思いがけず、私の仕事のことを彼がどう思っているのかがわかって、さっきのガックリがありがたさに変わる。自分でもたまたまのご縁でいただいた仕事くらいにしか思っていなかったのに、彼は、だれかに必要とされている、私ならではの仕事ととらえてくれていた。なんだか嬉しくなって、少し大きい声で言う。

「ねえ、あなたが一生懸命に育ててくれたゴーヤー、浅漬けにしてみたの。めちゃ美味しいよ！」

「ああ、これね〜。大葉も効いてるね。来週お昼当番だから持って行きたいな〜。作り方書いといて。」

スマホをテーブルに伏せて、ゴーヤーを口に運ぶ。

こんなふうに、一緒にいる時間を一つ一つ味わうことの嬉しさを噛み締めながら、一つ間違えば冷たい食卓になったなぁ、とその貴重さに思いを馳せるのだった。

〈解説〉

いつもの夫婦の会話のパターン

この事例は、一組の夫婦の対話を妻の立場から示しています。

「いや、もう日曜日には帰るご予定だから、関係ないよ」という言葉を聞いて、妻は感情の渦に巻き込まれました。こんなときの妻の常套手段は、ポーカーフェイスで何事もなかったように話題を変えるか黙り込むことです。それでも腹の虫は収まらないので、だんだん不機嫌になり、手荒く食器を扱ったり、急に席を立って自室に引っ込んだりすることで、なんとか相手に気づかせようとします。夫が心配して「どうしたの?」と聞きに来たら、飛んで火に入る夏の虫とばかり、どれだけ自分に無関心で思いやりのない、隣人は愛せても家族を愛せないダメなキリスト者かを機関銃のようにまくし立てるでしょう。過去の例も持ち出して、「薄情者だ」「偽善者だ」と断罪された夫は、「集会のことを心配するのはそんなに悪いことなの?」と反撃に出て、「月曜日から君が出張でいなくなると思うと、せいせいするよ!」とあらぬことまで口走ることになり、二人の関係の修復にはだいぶ時間がかかる……というのがパターンでした。

四つの選択肢で、自分のパターンを見直す

この事例では、それとは少し違うことが起こっています。どこが転換点になっているのでしょうか。むっつり黙り込んで、「台風接近と聞けば、私にとっては月曜日の飛行機がどうなるのかが一大事なのに、夫にとっては『関係ない』ことなのだ。伝道集会のことは、あれほど気にかけているのに!!」と思うところまでは、普段と一緒です。そんな思いが胸の内を駆け巡るとき、思いの向け方に四つの選択肢がある、と考えてみましょう。(「四つの選択肢」については、『NVC――人と人との関係にいのちを吹き込む法』九七頁、「否定的なメッセージの聞き方――四つの選択肢」を参照。)

①相手を非難・攻撃する。

たとえば、「私が月曜日に飛行機に乗ることになっているのを覚えてないなんて、なんてひどい夫なの！」「人の心配ばかりして、私のことなんてどうでもいいのね！」など、積もりに積もった怒りを爆発させる表現として、日ごろよく見聞きする内容です。夫婦や家族など身近な関係性では、パターンになってしまっている場合もあります。自分が正しくて、相手が間違っている、ととらえる選択肢です。

②自分を非難・攻撃する。

たとえば、「確かに、講師の先生の来県に比べて、自分の予定は取るに足らない問題だ。夫と一緒に伝道集会に思いを寄せられないなんて、自分はなんて心の狭い自己中心な人間なんだろう」と、心の中で自分を卑下したり、責めたりします。問題は自分にある、悪いのは自分だとするとらえ方です。

③自分の感情と自分が本当に必要としていることに関心を向ける（自己共感）。

事例では、妻は「がっかりした」「一気に力が抜ける」という自分の感情の動きに気づき、そこにとどまりました。「関係ないって聞くとガックリするなぁ。自分のことも見てほしい、苦労や心配は夫と共有したいんだなぁ」と、気持ちの奥の願いに目を向けていきます。

④相手の感情・必要に関心を向ける（他者共感）。

この事例では出てきませんが、もう一つの選択肢として、「関係ないよ」と言っている夫の気持ちを想像してみることができます。台風が迫るなか、大きなイベントのある土曜日にどう備えるかで頭はいっぱいで、その先のことを考える余裕がないかもしれません。若い人も参加しやすい集会にするにはどうしたらよいか、と中村さんから相談されて、屋外イベントの良さを力説した手前、それができない失望や罪悪感から、状況を好転させるために貢献したい、そのための情報収集に集中したい、という気持ちもあるかもしれません。「切羽詰まっていて、今できる貢献の方法を探しているのかしら」と受け取る選択肢です。

気持ちを受けとめ、その奥の願い（必要）に意識を向ける

妻が選んだのは、③（自己共感）の道でした。

相手の言葉に直ちに反応して、自分の中の感情に任せるままに何かを言ってしまう、行動してしまうということがあります。逆に、自分の中に湧き起こる感情に蓋をして、ないことにしてしまうことがあります。習慣的に感情のスイッチを切って暮らしていることもあります。

この事例で妻が選択したのは自分の中の感情に蓋をすることではなく、またその感情に身を委ねることでもなく、それを味わい、自分自身にとって今何が大切なのか、何を必要としているのかに関心を向けることでした。自分の心が体験しているショック、失望、寂しさ、脱力感に気づき、その存在をしっかりと認めたときに浮かんできたのは、自分にとっての月曜日の意味を夫と共有したい、出張を前に自分が感じている不安や焦りを理解してほしい、という願いでした。

妻は、「あなたは私の出張のことなど、どうでもいいと思っているのね！」と責めたり、黙り込んだりする代わりに、心の奥の願いにつながりながら「月曜日から、私、いなくなるよ？」という言葉を絞り出しました。「共有できているかな？」という心細さもありつつ、「共有できたら嬉しいなぁ」という願いとともに語られた言葉の響きに、夫は自分に非難の矛先が向けられるのではないかと身構えることなく、安心してその話題に乗ることができました。

「長過ぎるよ〜」という夫の不満の言葉は、妻の「そんなこと言ったって仕事なんだから仕方ないでしょ！」という正論でぴしゃりと封じられる可能性もありました。しかし、このときの妻には、現実の共有や互いの気持ちの理解（共感）という自分が切望していた願いをかなえる言葉に聞こえました。自己承認や意味の共有の必要も満たされて、心に余裕と軽やかさを取り戻しました。自然に夫の不満の奥にある願いに意識が向き、「ごめんね」と、それが満たせないことへの残念さを表現したり、「〜しようか？」と相手の願いをかなえるための方法を提案したりしています。そこから、思いやりの循環が巡り始めたのです。

3　子どもとともに育つ

〈事例1〉「ちゃんと捕まえててください」

ホームに赤ちゃんを抱っこして、三歳くらいの男の子を連れたお母さんが立っています。モノレールが入って来ると、男の子はお母さんを離れてモノレールのほうへ駆け寄って行きました。それを見た駅員さんが「お母さん、ちゃんと捕まえててください」と言うと、お母さんは「そうですね。すみません」と謝りました。

〈解説1〉

この事例は、一見何気ない駅員さんとお母さんのやりとりのように見えます。自分が同じホームに一緒にいたとしたら、駆け出した男の子に少しびっくりするかもしれませんが、駅員さんが見ているし、お母さんも謝っているし、特に問題はなさそうなので、素通りしてしまうことでしょう。

ところが、お母さんの心の中をのぞいてみると、まるで違う世界が広がっていることがわかります。この日は、朝から一日、長男のこだわりに付き合いながら次男の世話をし、次男を抱えながら長男を療育センターに連れて行き、いくつもの鬼門を、抱きかかえて引き離したり、根気よく話しかけたりすることで切り抜け、ようやく帰りのモノレールの駅にたどり着いたところでした。お母さんは長男の手をずっと握っていました。捕まえていないと、外界への関心が強い長男は、いつ、どこへ駆け出すかわからないからです。駅員さんの言うとおりです。今だってこだわりポイントの自動販売機を横目で見ながら、手をつないで長男の大好きなモノレールの到着を待っていたのです。一瞬にして心に火がついたように手を振りほどき走り去る長男を、十か月の次男を抱きながら追いかける瞬発力はありませんでした。心も体もギリギリ。どのくらいギリギリかと言うと、「何かあったら死んでもいい。止めても行くし、二十四時間力で捕まえ続けることなんてできない」という思いがよぎるほどでした。駅員さんの言葉は正論です。正しいことを言われて、お母さんは謝るしかありませんでした。頭を下げながら、だれにも理解されない孤独と苦しさに涙があふれてくるのでした。

お母さんの孤独と苦しさは、どこから来ているのでしょうか。この男の子が特別聞き分けのない育てにくい子だからでしょうか。それとも、私たちの社会にある「子育ては親の責任だ」、「他人に迷惑をかけてはいけない」という規範意識から、このような場面で容易に「子どもの安全も守れない親はダメな親だ」、「この子はしつけがなっていない」という裁定が下ってしまうことにあるのでしょうか。お母さんたちは、全力を尽くして子どもに対応しながら、なお、自分の子育ては外からどう評価されるのかにも神経をすり減らしているのです。駅員さんのこの一言は、ギリギリの状況のこのお母さんにとっては、子どもを大切に思う心さえ叩き潰してしまいかねないほどの打撃となりました。

この場面に悪い人はいません。駅員さんは子どもの安全に気を配り、他のお客様の迷惑にならないよう、ホーム上の秩序を守る職務を忠実に果たしていますし、お母さんもできるかぎりのことをしています。ここで私たちにできることは何でしょうか。

イエス様は、「いったいだれが、天の国でいちばん偉いのでしょうか」という問いに答えるため、小さい子どもを呼び寄せて弟子たちの真ん中に立たせ、「自分を低くして、この子供のようになる人が、天の国でいちばん偉いのだ」と言われました（マタイ一八・一～四）。

当時のユダヤ社会でも、子どもは無知で無力な小さい存在として扱われていました。現代の社会でも、親が子どもに言う「迷惑をかけないように」という言葉は、暗に「大人にとって都合の良い秩序や快適な自由を子どもは邪魔をしてはいけない」という意味で使われています。

親が子どもに 社会規範を厳し過ぎるほど守らせようとするのは、「迷惑をかける子は、社会からはじき出されて、幸せな人生を送れなくなってしまう」という恐れから来ているのかもしれません。そして多くの親が、自らも同じ理由で親から厳しく育てられた経験をもっていることに気づくでしょう。

ところが、キリストは小さく弱いままの子どもを皆の真ん中に立たせて、「悔い改めて子どもたちのようにならないかぎり、決して天の国には入れない」と宣言されました。大人対子どもという圧倒的なランクの差、権力の上下関係をひっくり返されたのです。この革命的な宣言は、「わたしの名のためにこのような一人の子供を受け入れる者は、わたしを受け入れるのである」(同五節)と続きます。主を受け入れるように、この小さな子どもを受け入れるとは、どういうことでしょうか。事例2を見てみましょう。

〈事例2〉「お母さん、偉いわね〜」——コミュニティの中での子育て

駅ナカのコーヒースタンドに赤ちゃんと男の子を連れたお母さんがやって来ました。店員さんが抱っこひもの赤ちゃんをのぞき込んで、会話が始まりました。

「かわいいわね〜、男の子? 女の子?」

「男の子です。」

「男の子二人! 大変ね〜〜」

「長男はね、発達が少しゆっくりなんですよ〜。こだわりが強くて大変!」

お母さんは男の子に手を引っ張られて、よろけそうになりましたが、踏ん張りました。店員さんは男の子に目配せして、笑顔で続けました。

「子どもはみんないろいろよ〜。大丈夫〜。」

「モノレールが大好きで、毎週必ず乗りに来るんですよ〜。」

「毎週乗りに来てるの？　お母さん、偉いわね〜。子どものためにそこまでやるなんて！」

「あ、いや、こだわりが強いものだから。モノレールって言いだすと聞かなくて……」

お母さんは自分が褒められるとは思っていなかったので、びっくりした様子です。店員さんはコーヒーを渡しながら、お母さんの目をまっすぐに見て言いました。

「あなたは、良いお母さんだと思うわ。」

「ありがとうございます。」

〈解説2〉

この店員さんは何気なくおしゃべりをしているだけのようですが、この出来事は、お母さんにとっては、その後の子育てで苦しくなると、何度も思い出して力を得ることができるほどの大きな経験になりました。お母さんは何を受け取ったのでしょうか。

対話はまず、「かわいいわね〜！」という開かれた肯定的な関心から始まります。「男の子？　女の子？」と素朴な好奇心ものぞいています。

次に、「男の子二人！　大変ね〜」と相手の立場への想像力を働かせ、思いやりの言葉をかけています。「子どもはみんないろいろよ〜。」発達がゆっくりであることを明かされて、眉をひそめるでもなく、まるで子どもの多様性を祝福するかのように、大人の理解を超えた存在であることを宣言しています。そして、「大丈夫～」には、親が子どもの特性についていけなくても、子ども自身に生きる力があることへの信頼が響いています。さらに、迷いながら苦労しているお母さんに対する「大丈夫～」も含まれているでしょう。

お母さんは、ありのままの親子として受け入れられている安心感から、口が軽くなったのでしょうか、子どものモノレール好きに毎週付き合わされている、と愚痴をこぼします。すると驚いたことに、店員さんは「偉いわね～！」と、その努力を認め、子どもの思いを尊重する意味のある行為だと評価してくれたのです。「お母さんは、子どものために何でもするのが当たり前」という風潮の中に埋没してしまうと、自分でも日々どれだけのことをやっているのか無自覚になり、自分からも家族や他人からも承認されないまま、失敗だけがクローズアップされてしまいます。そんなとき、外からの肯定的フィードバックが入ってくると、当たり前になってしまった様々なことに光が当たります。自分自身、家族やコミュニティで、「当たり前」の小さな貢献に互いに光を当てることで、感謝やお祝いのフィードバックの流れが生まれます。

感謝や承認のフィードバックも、慣れていないと案外受け取ることが難しいものです。「モノレールって言いだすと聞かなくて……」お母さんは、自分の貢献をあたかも「仕方なく」やったかのように言い換えることで、承認を受け流そうとしています。本当は、子どもの心が燃え上がる活き活きさをサポートしたいと願い、やりくりしてモノレールに乗れる時間を作り出していたのです。モノレールを十分に味わった後の子どもの満足そうな様子を見るのが嬉しかったし、その時間を共有した後は、子どもが驚くほど落ち着いて、ときには母である自分の望みに耳を傾けてくれることもありました。「お母さんはお買い物をしたいから、どこどこのお店に寄ってから帰りたいけど、いい～？」「うん、わかった～。」これまでは子どもを引率して必要な場所を往復するだけだった外出が、自分も一緒に楽しむ「お出かけ」になった、と感じられたときの嬉しさ、一方通行だった声かけが対話になった嬉しさも、毎週この時間を作り出す理由の一部でした。

店員さんは、自分の言葉が受け流されていることに気づき、相手の目の中に自分のいのちを注ぎ込んで、もう一度言います。「あなたは良いお母さんだと思うわ。」今度は、この言葉が、無条件の承認の言葉としてお母さんに着地します。見ず知らずの他者として出会った二人が互いのいのちに触れるとき、その「良い」は、人間の評価ではなく、まるで創造主が被造物を見回して「良し」（ヘブライ語のトーヴ）とされたときのような響きをもっていたのかもしれません。

〈事例3〉「子どもに育てられる——親だって人間だ」

「やられるぅ〜〜」

夜、三つ並べて敷かれたお布団の上で、お母さんが泣いています。隣の部屋では、お父さんと四歳のケイちゃんと、二歳のマルくんが賑やかに歯磨きをしているようです。「はい！　ケイちゃん恐竜の歯も、ピッカピッカ〜のカ〜〜になりました!!」「まるまるアルマジロくんの歯はどうですか〜？」「え〜！　マルくん、さっきやったよ？」「そう？『いー』して。」「ほんとだ！　ピッカピカ光線が眩しい〜〜。やられるぅ〜〜。」　お父さんがマルくんを抱いたままソファに倒れ込む音が聞こえて、ケイちゃんが寝室に入って来ました。

「あれ？　お母さん、泣いてるの？」

「うん。お母さん、情けなくって。さっきマルくんに『じっとしてなさい！』って怒鳴っちゃったでしょ。ご飯の時もイライラしちゃって。ちっとも良いお母さんになれない。」

「え〜〜？　ケイちゃん、お母さん大好きだよ。コロッケ失敗したり、面白いところが好き〜。」

「お父さんは怒鳴ったりしないで遊んでるうちに何でもできちゃうじゃない？　お母さんはあんなふうにできないのよ。」

「それがおもしろいじゃん。突然怒ったり、泣いたり。お母さんの怒った顔、面白いよ〜。」

「本当に？　こんなお母さんでいいの？」

「お母さんがいい〜。面白くなくなったら、いやだからね。」

「ありがとう、ケイちゃん。お母さんも、ケイちゃん、大好き！」

〈解説3〉

この事例では、お母さんは泣き虫の怒りん坊です。もともと子ども嫌いで、何をするかわからない子どもは恐怖の対象でした。長女を身ごもったときは、母親になることが不安でたまらず、育児書を読みあさりました。子育てを始めて四年経った今でも、親としてちゃんとやれている自信が全くありません。それどころか、子どもたちと接していると、逆に自分が育ち直しているような感覚になることがあります。自分の幼少期には得られなかった安心と肯定を、子どもたちがくれるのです。「自分は情緒不安定で、頼りにならない親だ」と自分を責めているときに、「そんなお母さんが好き」とまっすぐ言ってくれる子どもに何度救われたことでしょう。育児は自分の育ちの追体験でもあります。母、祖母、曾祖母……と連綿と続いてきた価値と文化の再生産であると同時に、新しいいのちとの新たな共同創造でもあります。

初めての育児にパニックになっていたお母さんは、お父さんが赤ちゃんを上手にあやせるのが不思議で仕方ありませんでした。お父さんは育児書を一冊も読まず、自分が末っ子なので乳幼児と過ごす経験も皆無だったからです。

お父さんは、どうして子どもたちとの接し方が上手になったのでしょうか。秘密は「観察」にありました。お父さんは流行りの育児法も知らないし、自分の子育てが周りにどう評価されるかを気にすることもありませんでした。ただただ、子どもたちの瞬間瞬間の様子を観察し続けたのです。すると、子どもたちが何を感じて何を必要としているのかが、よくわかるようになりました。子どもは何かをやらされるのは嫌いです。でも、夢中になって遊んでいるうちに自然とできてしまえば、楽しむことができるのです。正しい生活習慣を身につけさせなければ、と力んで指導するお母さんの言うことは聞かなくても、子どもと一緒に空想の世界で遊んでいるお父さんに子どもたちは巻き込まれていきます。子どもたちの選択や遊びのニーズを本気で大切にする親に、子どもたちは信頼を寄せ、自分の限界を超えて成長していくのかもしれません。

4　僕は学校へ行きたくない

〈事例〉

理恵さんは今朝も息子を起こしています。

「健人、起きなさい。起きないと、また遅刻しますよ。」

高校二年生の健人くんは、このごろ朝なかなか起きてきません。理恵さんが何度も起こして、やっと布団から這い出し、いつもギリギリになって家を飛び出して行きます。意気揚々と高校に入学したころとは別人のような姿に、理恵さんはどうしてよいかわかりません。最近は、これといって具合が悪いようには見えないのに、休みたいと言うこともあります。理恵さんは、授業についていけなくなるとか、出席日数が足りなくなるとか、いろいろなことを話して、どうにかこうにか学校に行かせてきました。

ところが、今朝はどうにも説得ができそうにありません。健人くんは布団をかぶったまま返事もしないのです。たまりかねた理恵さんは、部屋に入り、健人くんを揺さぶって起こしました。

「ほら！　健人！　グズグズしないで、さっさと起きて支度しなさい！　遅刻ばっかりで怠けていたら、ロクな人間になりませんよ!!」

「うるせぇ!!　ざけんな！」

健人くんが身体を起こして、理恵さんを怒鳴りつけました。

「今日は行かねぇよ！　もう～、うっぜー!!」

そう言って、健人くんはまた布団にもぐり込んでしまいました。

あまりの剣幕に理恵さんは驚きます。いったい息子はどうなってしまったのでしょう。何を考えているのか、理恵さんにはサッパリわかりません。せっかく入った高校なのに、このままでは成績も下がる一方。場合によっては留年してしまうかもしれません。はりきって入部した部活もやめてしまったうえに、夜はゲームばかりして深夜まで起きているのです。好きなこと、楽なことばかりして、随分とわがままになってしまいました。このままでは将来が心配です。もし留年や不登校になってしまったら、ここまで順調に来たのに、息子の人生はどうなってしまうのでしょう。

理恵さんは途方に暮れてしまいました。ただただ、不安の中で息子の布団を見つめていました。

そのとき、布団の中で健人くんはどんなことを思っていたのでしょうか。健人くんも激しく怒ってみたものの、やはり途方に暮れていました。

どうしてこんなに起きたくないのか、健人くんにもわかりません。とにかく、学校に行くと、胸のあたりがグーっと苦しくなるような感じがするのです。胸がざわざわして、居ても立ってもいられない感じです。それは家にいても同じです。ただ、ゲームに熱中している時だけは、そのざわざわ感から解放されているのです。ゲームをしている時は、その嫌な感じを忘れられます。でも空が明るくなるころには、すっかり遊びほうけてしまった自分にがっかりするのです。疲れと眠さとがっかりした気持ちを抱えたまま、泥のように眠るのです。

いったいオレはどうなってしまったのか。自分でもこんな自分が嫌で仕方がありません。ボーっとした頭で、学校に行かなきゃと思えば思うほど、そこから動きたくない気持ちが湧いてきます。

お母さんが、「怠けてる」と言ったとき、まるでダメ人間と言われたようで、思わず怒鳴ってしまいます。自分でも怠け者だと思います。でもどうしてよいのかわかりません。こんな自分の気持ちは、きっとだれもわかってくれないだろう。そんな言い訳なんて通用しないし、「悪いのはこの自分なんだ」、そう思うとますます眠って、やり過ごしたくなるのです。

〈解説〉

この事例では、不登校をめぐる親と子の関係と葛藤が、両者の立場から紹介されています。将来を心配するあまり、何としてでもわが子を登校させようとする理恵さんですが、彼女の「頑張り」とは裏腹に、無理強いをすればするほどますます健人くんは態度を硬化させます。これまでどおり「順調」を願う理恵さんにとって、成績の低下や進学、就職など健人くんの将来は、彼女自身の将来にも関わることであり、親子の大切にしていることは同じはずである、という考えがあったのではないでしょうか。

しかしながら、健人くんの態度を見るかぎり、そうではなさそうです。ひょっとすると、幼少期から親の期待に応えようとどこかで無理を重ね、不登校という自分でも不本意と思える行動を取ることで、心と身体が悲鳴をあげている状態から自らを解放しようと、もがいているのかもしれません。

一方、理恵さんは、世間体や常識を頼りにするあまり、社会の枠組みや既成の価値観に健人くんを押し込めることで、自らの願望を満たそうとしていたのかもしれません。健人くんが取るべき責任と自分が取るべき責任を分けることができずにいたのでしょう。

「未知なものとしての相手」への共感

私たちには、自分の視点や表面的な見方だけで他者を判断してしまう弱さがあります。ともすれば人は自分の経験や知識を過大に評価しがちです。しかし謙虚な思いで未知なものとしての他者と向き合うことで、相手の違った姿が見えてくるかもしれません。私の知らない他者（未知なものとしての相手）として、好奇心と尊敬をもって近づこうとすることから私と他者の関わりが始まります。

この場合では、健人くんを「自分とは別の一人の人間」としてとらえることが最初の一歩です。そこから、未知である相手、つまり健人くんの気持ちを理解したい、彼が本当に渇望していること（ニーズ）を理解したいという意図が生まれ、息子の話に耳を傾けられるようになります。健人くんへの共感につながるのです。

私たちは、ときどき自分の意図とは全く違った形で、自らの渇望を言葉や態度に表すことがあるのではないでしょうか。あるときは、人を非難する鋭い言葉であったり、罵る怒りの言葉であったりするでしょう。健人くんも、どうしようもない焦燥感と混乱から、思わずひどい言葉を母親に投げつけます。しかしその言葉の根底にあるのは、自分にとってもっと意味のある何かを求める叫びであったり、一人の人格としての尊重への渇きであったりするのかもしれません。

共感というレンズを通して世界を見るとき、こうした悲劇的なコミュニケーションの中に様々な感情と願いや渇望が聴こえてきます。そこに相互理解の可能性が立ち現れてくるのではないでしょうか。

相手への関心と観察

未知である相手の中で、こちらには見えていないことが起きているのだとしたら、私たちはもっと他者に関心を向ける必要があるでしょう。言葉だけでなく、非言語のメッセージにも目を向けることも必要でしょう。ときには、全身全霊で自分の存在自体を相手に傾ける必要があるかもしれません。相手のいのちの中で起きていることに気づくためには、相手に関心を向けた後、その人の言葉や行動をありのままに観察することが役に立ちます。自分の解釈を一度保留して、具体的に見たり聞いたりしたことを、唯一の事実としてではなく、「自分の位置から見えたこと」として受けとめます。

理恵さんから見えているのは、健人くんが夜中までゲームをして朝起きない、学校にいかないということです。それを、「怠けている」と解釈しています。何を考えているのか、さっぱりわからないという理恵さんが、もしその解釈を一旦保留したらどうなるでしょうか。

相手に本当に関心を向けるようになったとき、そこで初めてひとりよがりの見方から脱却し、違いを超えて相手の言動の源を見つける入り口に立つことができます。他者の視点で見、相手の立場に立つことができるようになるのです。観察という言葉は、客観的で冷たいものに感じられるかもしれませんが、実際には相手と自分の違いを受容し、相手を温かな目で尊重する行いの始まりとも言えるでしょう。

理恵さんと健人くんのこれから

さて、救いなのは、ここで健人くんが自分の気持ちや感情を外に向かって吐き出すことができたことでした。たとえ家族の母親や周りの目といった他人軸ではなく、自分軸で生きることを選び取ろうとしていることです。そのように近しい間柄であっても、人それぞれ、刻々と変化する別々の願い（ニーズ）があります。自分のニーズと相手のニーズの境界線を理解できれば、理恵さんが健人くんに考えを押しつけることはなくなるはずです。そして、母である理恵さんが健人くんの言いなりになることもなくなるでしょう。未知の存在として立ち上がろうとする健人くんと、理恵さんがあらためて出会うコミュニケーションが始まるのです。

5　先生、どうしてわかってくれないの？

〈事例〉

光希さんは環境問題に関心をもつ大学三年生です。環境問題を専門とする教授のゼミに入り、就職活動のかたわら卒業論文のテーマについて研究を始めました。将来は研究者を目指していますが、まずは現場を体験したいと考え、就職はメディア関係を希望していました。一方、教授は光希さんを高く評価しており、このまま大学院に残ることを願っていました。

希望をもって就職活動に取り組んできた光希さんでしたが、大学四年の前期が終わろうとするころになっても、メディア関係の企業から一つも内定の返事をもらうことができないでいました。教授からは大学院への進学を勧められていましたが、就職活動がうまくいかないという理由で大学院へ進むことに納得がゆきませんでした。しかし、就職活動の疲れから、授業や論文の執筆にも集中することができず、何もかもが順調に進まないなかで、不安や焦りと闘っていました。

光希さんは、教授とのある日の面談で、論文の内容について意見がぶつかり、軽い口論になりました。教授を尊敬していた光希さんにとって、口論するなどそれまで考えたこともなく、感情的になったことに後悔を覚えました。教授のほうは、光希さんの大学院進学を望んでいることから、大学院での研究を前提とした指導をしようという気持ちが働いていたのでしょう。けれども光希さんは就職を望んでいたため、教授の高い要求に負担を感じていました。また、教授が光希さんの現在の気持ちを理解せず、一方的に進学に期待をかけることに対して、心の中に教授への反発する気持ちが少しずつ募っていきました。

十月に入り、光希さんはようやく一社から内定を受け取り、安堵しました。そこは光希さんの望むメディア関連の企業ではありませんでしたが、社会経験を積むことは重要だと考えていた光希さんは満足していました。ところが、就職内定について教授からお祝いや慰労の言葉は一切なく、むしろ、光希さんの決断に対して妥協している、と批判的でした。

就職が決まり、ようやく卒業論文に集中できるようになった光希さんは、張り切って再び執筆に取り組みました。しかし論文指導のゼミにおいて、光希さんと教授はたびたび意見が食い違い、気まずい雰囲気になっていきました。光希さんは、教授が自分の就職や大学院進学について、いまだにこだわっているように感じられ、抑圧的な態度をとる教授への尊敬が薄れてゆきました。

十二月になり、大学の論文提出期限まであと一週間となったとき、光希さんは教授に対する不安と不満を抑えきれず、再び口論になり、その後教授といっさい連絡を取らなくなりました。三月の卒業式では、教授と言葉を交わさず、教授も光希さんに話しかけることはありませんでした。卒業証書を手にして同級生と記念写真を撮りながら、晴れやかな友人たちの笑顔を光希さんは羨ましく思い、少し切ない気持ちになりました。

〈解説〉

大学のゼミとは?

大学や専門学校の最終学年では、教員と数名の学生が共に研究したり、教員と学生が一対一で論文指導を受けたりする通常「ゼミ」と呼ばれる科目があります。そこでは教員と学生の間で非常に親密な関係性が生まれます。

その一方で、教員と学生は、評価する者とされる者という、あくまでも社会的に不平等な立場にあります。

自分の願いと他者の願いがぶつかるとき

光希さんと教授には、それぞれ異なる思いがありました。光希さんは環境問題の研究にひかれつつも、まずはメディア関連の仕事に就職し、環境問題を含め、広く社会を知りたいという希望がありました。一方、教授は、光希さんの能力を高く評価し、続けて研究指導をして育てたいという願いがあったようです。どちらの思いも個別に見れば、ごく自然な、自分の立場で何が重要課題なのかをしっかりと考えていることをうかがわせる望みです。ところが、具体的には就職と進学を両立させることは不可能だ、というジレンマに陥っています。

立場の違いがもたらすもの

立場上、不平等な関係においては、どうしても強い立場の人の願い（ニーズ）を満たすことが優先され、弱い立場の人の願い（ニーズ）はないがしろにされてしまいがちです。この例では、教授が光希さんに対し、本人の希望よりも自分の期待を優先して、就職活動に配慮することをせず、大学院の研究を前提とした高い要求をし続けました。これは、評価権をもつ教授という権力を用いて、光希さんの気持ちと行動を自分の願いに向けさせようとしたことになります。しかも、「学生は教師の指導に従うべき」、「自分のほうが学生にとって何が最良かを知っている」などの思いがあるために、自分の影響力を行使することが自分の中で正当化され、相手にとってどれほどの重圧になっているかには気づかないのです。

光希さんはそれを威圧的と感じて、尊敬が薄れ、気持ちが離れていきました。教授の指導を安心して受けることができなくなり、就職の内定や卒業という人生の大きな出来事を指導教官に祝福されることもない寂しい学生生活になりました。

立場の上下がある場合、力の不均衡がもたらすこのような影響を受けるのは、力の弱い、下の立場の人たちです。上の立場から見ると、この学生は「頑固で恩知らずの身勝手な学生」に映るかもしれません。下の立場の人が感じているつらさや恐怖、閉塞感に気づくことは非常に難しいのです。こうしたことが高じると、アカデミックハラスメントやパワーハラスメントなどと呼ばれる事態に発展します。

共感的対話の例

もし教授が自分の願いを力で押しつけるのではなく、対等な人間同士の深い願いとして率直に光希さんに表現できたとしたら、どうでしょう。

「君の研究ぶりを見ると、ワクワクして希望を感じるんだ。問題意識を共有する研究仲間を探していて、君が大学院に残ってくれれば、この分野の未来が明るいと感じるのだが、どう思う?」

「私もこの分野の研究には興味があります。でも、その前にメディア関連の会社に就職して、広く社会を知る経験をしたいのです。」

ここで、教授には三つの選択肢があります。①自分の願いを繰り返す。②光希さんの願いの弱点や難点を指摘する。③光希さんの話をさらに聴く。教授という立場で①や②を選ぶと、光希さんは、結局何を言っても取り合ってもらえない、教授は自分の考えにしか価値を認めないと受け取って、心を閉ざす可能性が高くなります。③を選ぶと、どのような展開が考えられるでしょうか。

「研究に興味があると聞いて嬉しいよ。社会経験なら、どの企業でもできるが、メディア関連の会社に就職したいというのはどうしてか、もっと詳しく教えてくれないかね?」

「最近新聞で、環境問題が地域経済と関係しているという記事を読んで、自分の研究は社会の何とつながるかを知りたい、と思ったのです。環境問題の側から社会に貢献するためには、まず社会にどんな課題があるのか、社会人経験を通して知ることが重要だと感じているのです。」

「学生という守られた立場から一歩社会に踏み出して、社会課題を肌身で感じることで、環境問題研究がどのように社会に貢献できるかを見つけたいのかな？」

「そうです。このまま大学院に残っても、自分の研究がどう社会と結びつくのかがわからないと、方向性も定まらないし、モチベーションをもち続けるのも厳しい感じがして……。」

「社会への貢献、方向性、自分のモチベーションへの信頼か。確かに自分も自分の研究が一般誌で話題にされたときは嬉しかったなぁ。私の場合、そこまで長い年月がかかったが、モチベーションということでいえば、日々の研究の小さい挑戦や発見を、このようにして学生たちと共有することで十分だったよ。」

教授は光希さんから聴いたことを、言葉を変えて繰り返しながら、だんだんシンプルな表現に絞っていきました。そして、すくい取った光希さんにとって大切なことを自分にとっても大切であるものとして、響き合わせます。貢献、方向性、モチベーション……、それらはもはや光希さんにとって大切であるだけでなく、教授と共通の二人の思いともなったのです。

「そうなのですね。教授が学生との時間をモチベーションの源にしておられたとは知りませんでした。研究の時間が削られて、ご迷惑かと遠慮していましたが、そういうことなら、もっと先生のお話をうかがいに研究室にお邪魔することにします。」

「それがいいよ。大学院生たちの生の話も聴けるし。社会人向けのセミナーも企画中なんだ。社会人になっても、それを手伝いに来てくれたら嬉しい。一度就職しちゃうと、研究に戻るタイミングを失うこともあるからね。つながっていてくれると、お互いに情報交換もできていいじゃないか。」

「まずは、年休をしっかり取れる会社に就職しないとですね。メディアは忙しそうだから、もう少しのんびりした企業にしようかな。」

ニーズの橋でつながる

ニーズ（深い願い）でつながった二人は、そのニーズを満たす方法を楽しそうに話しています。いつのまにか教授のニーズであった研究の仲間や未来への希望も織り込まれています。もはや、ニーズのレベルでは二人の間に対立はありません。就職と進学、相いれないように見える二つの願いは、特定の場所や時間に限定された手段にこだわると、両立不可能に思えます。それでも、他者の言葉のその先にある真実の声を聴き合うことができれば、その深いニーズを満たす手段の選択肢は時空を超えて広がっていきます。

すぐに満たされないニーズも大切にし続ける

教授は、光希さんにそのまま大学院に残ってもらうことは手放しましたが、研究仲間や社会への貢献、研究の未来への希望というニーズはしっかりともち続けています。そのニーズを光希さんも理解し、尊重していることがわかっているので、安心して就職活動を応援できるでしょう。光希さんも自分が大切にされ、応援されているとわかっていれば、就職活動が大変でも論文に取り組む意欲を落とさずにすむかもしれません。

教授の立場にある人も、光希さんのような学生の立場にある人も、イエス様の前には、それぞれにいのちの動きをもつ一人の人間です（「第3章　聖書の中のコミュニケーション」の「マリアとマルタ物語」を参照）。お互いに相手が何を大切にしようとしているのか、好奇心をもって観察することが必要です。どうしてそのように行動するのか、どうしてそう思うのか、好奇心をもって尋ねてみることです。互いの中にあるいのちの流れ（ニーズ）に対して純粋な関心を注ぐとき、そこから、新しい対話が生まれる可能性が開くのです。

6　私たち怪しい団体じゃないんだよ

〈事例〉

地方の高校を出て、大学に入学した正人くんはひとり暮らしを始めました。大学のオリエンテーションの後、まだ友人もいなくて、学食でランチをひとり食べ終わり、授業関連の資料を見ていました。するとそこに、同じ大学の上級生かなと思われる女子学生らしき二人が近寄って来て、笑顔で話しかけてきました。そして、「私たち、別に怪しい団体じゃないんだよ、決して。ほらほら、駅の南口に大きなビルがあるでしょう、あそこの四階がサロンみたいになっていて、ビデオで映画を観たり、人生について語り合ったりするんだよ」と非常に明るく、楽しそうに話を続けます。二人は、とにかく優しくて良い人でした。一生懸命なので、ちょっとしつこいと思いましたが、熱意を感じるし、親切です。正人くんは戸惑いながらも、楽しいランチ後の時間を過ごしました。

実は、この二人の所属する団体はカルトでした。しかし、説明される団体の活動にその気配は微塵もなく、魅力的で素晴らしいところにしか見えません。そういう勧誘に対して、実際に自分の目で確認することの危険性を察知して拒絶するのは簡単ではありません。カルトの勧誘手口を理解して断る練習をしていない人は、「ノー」と言いにくいのです。

それから正人くんは、その女子学生と思われる二人と南口のビルへ向かいます。訪ねてみると、話に聞いたとおり映画観賞会をやっており、気軽に話ができそうな学生たちが集まっていました。正人くんは安心して、そのサロンへ通うようになります。毎週の勉強会と呼ばれる集会にも、楽しく通うようになります。

ところが、しばらくすると、その勉強会で正人くんに難問が突きつけられます。サロンの先輩が、「このままでは、君は人生の問題を抱えて困るでしょう。今解決しないで、どうするの。そのお手伝いを私たちがしてあげるよ」と言うのです。このまま問題が解決しなかったら大変なことになる、と不安に駆られた正人くんは、ますます熱心に勉強会に通うようになります。先輩たちの話をよく聴き、言われたとおりの活動に取り組んでいきます。

気がつくと、正人くんは大学の講義にはほとんど出席せず、大部分の時間をサロンで過ごす状態になっていました。そのころの正人くんには、大学に入学したころの希望や目標はどうでもよいものになってしまいました。

〈解説〉

この事例は、「カルト」という特殊な状況のお話です。ここでは、多くのカルト脱退者をサポートしてきた牧師の経験から、カルトにおけるコミュニケーションについて紹介しています。マインド・コントロールのような、人を操作する理不尽さや冷酷さを知ることを通して、コミュニケーションの本来の目的とは何かについて考えてみましょう。

カルトとは

カルトという団体は、一言で言うと、「メンバーを虐待している集団」です。メンバーを姑息な手段で増殖させていって、学生などに迷惑行為をする集団です。

さて、「カルトに入りたい」という人はいません。問題は何かおかしいと気づいたときに、「そこはカルトであった」というところにあります。そう言うのは、フィリップ・ジンバルドーという社会心理学者で、元アメリカ心理学会の会長でありスタンフォード大学の教授です。とにかく勧誘して来る人は、カルトの末端として動いているわけですが、百パーセント善意から行動しているということなのです。

次に、「カルト」とマインド・コントロールの関係についてです。まずは「カルト」とはいったい何なのでしょう。それは、「強固な信念を共有して熱狂的に実践し、表面的には合法的、社会正義を振りかざすが、実際的には自らの利益追求のためには手段を選ばない集団」です。ですからこれは宗教団体とは限りません。政治団体とか教育団体とか、いろいろなカモフラージュをした、合法的集団としつつも人権侵害をする集団です。そして、強力なカリスマ的なリーダーを拝している場合が多く、その組織管理のために「マインド・コントロール」といわれる心理操作を行います。カルトとマインド・コントロールとはイコールではありませんが、カルト団体が自らのイメージを良くするためにマインド・コントロールを使うことが多いという関係です。

メンバーの悲劇

破壊的なカルトに入るとどんなことになるかというと、まず、相手が望まない勧誘をして対人関係のトラブルが起こります。つまり、誘った側と誘われた側との間に、「断る」「断らない」ということで良好な関係が期待できなくなってしまいます。次に、不適切な価格で何かものを買ったり、自分にとって高額の入会金とか布施をしたりすれば後戻りができなくなってしまいます。さらに、組織的な工作や隠蔽《いんぺい》によって目的や活動の内容を偽る、つまり、自分のやっていることについて嘘をつくようになります。たとえば、親に、「あなたはこんなことをやっているんじゃないの」と問われて、子どもは「いや、やってない、やっていない」と答え、実はやっているということになります。

やがて、せっかくの大学や職場を辞めてしまって、後戻りができなくなってしまいます。日本の大学のシステムは、再入学は再度の受験が必要で、実際のところ難しいわけです。仕事や会社も同様です。特に、入学の難しい大学や著名な会社などを辞めれば、人生の計画や夢などが大きく変わることにもなりかねません。辞めたすぐあとの段階では、素晴らしい方向、人生の新しい発見があったのだから良いと思い込んでいますが、少なくとも、カルトに出会いさえしなければ、色あせずに追い続けていた人生と夢があったでしょう。

家族や友人との関係が、意見の食い違いによって崩壊していきます。さらに、多額の支出によって破産同様になってしまうことも起こります。そして、いつしか一般には殺人のような違法行為であっても「善」であるとして実行してしまうことすらあります。自らの人生も、やがては自分の生命さえも投げ出してしまう可能性をもつといった由々しき事態にもなります。

カルトの特徴

まず、カルト団体の特徴は、個々のアイデンティティを捨てさせて、全体主義的、つまり、メンバーみんな一致団結して一体化したアイデンティティに縛りつけて、いわば個人主義に敵対する概念である全体主義的なアイデンティティをもつようにすることです。次にリーダーへの絶対服従という特徴をもっています。いかなる理不尽な指令にも従うことが正しいこととされます。そして、内外からの批判をいっさい禁じて、封鎖するというのが特徴です。内外というのは、メンバーが自分の集団の内部の批判することはもちろんできないし、外部の人がその集団の批判をすることも許さないということです。つまり、だれにも批判をさせないのです。そして、個人のプライバシーを剝奪します。「個人」としての普通の人生の幸せや生活などを諦めさせ、そのカルト団体での活動に明け暮れる生活に一元化させてしまいます。睡眠不足、過労死寸前とも言うべき「ワーク」などがその代表的事例です。また「献身者」という立場で、二十四時間、過酷な教団活動に従事させます。

それでは、なぜそんなところへ若者たちは入るのでしょうか。それはマインド・コントロールの結果だと言えるでしょう。マインド・コントロールによって心が支配されて意思が誘導され、入る前は「こんな団体、変だし、おかしいし、入りたくない」と思っていたにもかかわらず、「これはいい団体だ、素晴らしい団体だ」と信じるように変わってしまうのです。そうなってしまうと、おかしなことを集団に強いられても、目的達成のためには仕方がないと自分を封じ込めてしまいます。けれども、実際にはその目標はいつまで経っても実現しません。

マインド・コントロールで、いわば入信させ、メンバーにするときのプロセスでは、まず「情報の隠蔽《いんぺい》と欺《ぎ》瞞《まん》・断りにくい状況の操作」をします。具体的には、温かな人間関係を築きます。優しくて良い人を演じて、やって来ます。実は勧誘する人も百パーセント善意なのですから、一概に振りをしているわけでもないのです。

次に、「欲求の扇動と恐怖の喚起」です。解決困難な人生の問題を突きつけて、混乱させていきます。「このままでは、あなた、人生の問題を抱えて困るでしょう。今解決しないで、どうするの。そのお手伝いを私らがしたいんだよ」という感じで、何とかしなければいけないという気持ちを作り上げていきます。

次にくるのは、「思想の超越性」です。「実はあなたが知らない素晴らしい考え方、思想があるのだ。この考えに従えば、どんな問題もすっきり解決するのだ。素敵な素晴らしい、だれも知らなかった新しいことなのだ」と超越性、卓越性を提示して、「すごいなあ」と思わせるのです。それで、調子に乗せられた感じで、確かにそういう考え方をすれば人生の悩みは解決するなあと思わされます。

さらに、「リアリティの操作」が行われます。本物らしさ、この感覚も重要です。これは本当なんだなあというふうに、心理的な感覚を与えるためには、いくつかの仕掛けがあります。たとえば、正人くんに対して勧誘女性二人で、つまり一対二で、相手は数的に優位を取っているわけです。そして一人がトークをしている間に、もう一人の人は、しっかりと何度もうなずきます。「そうそう」と。話を聞く自分のほうは一人なので、そのことが大きなパワーとなります。勧誘する側は、複数のターゲットを同時に勧誘するのは難しいので、わざとばらばらにして一人ずつ狙います。

コミュニケーションとは何か

このように、カルトの用いるコミュニケーションは巧妙に人を操り、その人本来の個性や考え、行動を妨げます。つまり、一人ひとりの生命のエネルギーを奪ってしまうのです。

カルトの活動は、極端なもののように見えますが、私たちの間にあるコミュニケーションにも、その人本来の個性や考え、行動を否定し、コントロールしようとすることは起きていないでしょうか。カルトという一見特殊な状況が、私たちに「コミュニケーションとは何か」と問いかけているように思います。

7　まぁ、仕事だからな、しかたがないよ

〈事例〉

新幹線のドアが閉まる直前に、二人のサラリーマンが乗り込んで来た。三十歳前後に見える男性とその上司と思しき男性だった。

「藤川課長、間に合いましたね。良かった、危ないところでした。」

「まだこのくらいは走れるさ。森田くん、きょうは大事な商談だから、乗り遅れるわけにはいかないんだよ。」

二人は四号車に乗り込むと、指定席へと向かった。どうやら、藤川という上司とその部下の森田はこれから商談のため出張に出かけるらしい。座席に座るなり、森田が上司に話しかける。

「藤川課長、金曜日のギリギリになってすみません。今回の案件は僕には少し難しい気がして、課長のお力も借りたいと思い、お願いしてしまいました。」

「そうだな、今回の案件はちょっと君には荷が重かったかもしれないな。こんなときこそ上司の出番なんだから、気にするな。」

藤川は管理職らしく、当然のことと言わんばかりに淡々と答えている。

「でも、きょうの午後からの商談だと、懇親会もありますし、大阪への帰着が土曜になってしまいます。なんだか申し訳なくて……。」

森田が少しうつむいて口ごもる。

「何を言ってるんだ。営業職なら、こんなこと当たり前だろ。休みの一日や二日、いちいち言わないのがサラリーマンってもんだよ。」

藤川がそう笑顔で返す。

「ありがとうございます。このところ、営業成績も今一つだったので、今回は特別、力を入れて準備したんです。僕もできるかぎり頑張りますので、よろしくお願いします。」

森田がぺこりとお辞儀をし、二人の会話が途切れた。

新幹線は新大阪の駅を出発した。窓の外の流れる景色を眺めながら、二人はそれぞれの時間を過ごしている。先ほどの威勢のいい会話とは裏腹に、二人は物思いにふけっている。


時計はすでに二十二時を回っている。名古屋市内の居酒屋で、藤川と森田がビールのジョッキを片手に、ほろ酔い加減で話している。森田が興奮した様子で上司に頭を下げている。

「藤川課長、本当にきょうはありがとうございました。」

「良かったよな。今回の商談はうまくいったよな。」

上司の藤川も上機嫌で応え、二人はもう一度乾杯をしている。出張の目的は首尾よく果たせたようである。

「いやぁ、課長に来てもらって良かったです。自分だけじゃ自信がなくて……。」

森田が頭を掻きながらそう言うと、藤川が森田の肩を右手でバン！と叩きながら、「おいおい。わが大阪支社の中堅のホープが何を言ってるんだよ。しっかりしてもらわないと困るよ」と応える。途端に森田はうつむき、小さな声でつぶやいた。

「……。ええ……そうなんですけれど。」

「どうした？」

森田が口をつぐんだため、しばらく二人はお通しを食べながら、ビールを流し込んでいる。

しばらくすると、沈黙に耐えられなくなった森田が口を開く。

「それより、藤川課長も良かったんですか。今週末、東京のご自宅に帰る予定だったりしたんじゃないかと思って……ちょっと申し訳ないんです。」

今度は藤川の顔が曇った。

「うん。まあな。」

藤川がビールをゴクリと流し込む。

「息子さん、受験生ですよね。」

「まあ……、いろいろあるよ。」

藤川はそう応えながら急いで冷たくなった土手煮を口に放り込む。またしばらく居心地の悪い沈黙が続く。

ふぅ～っとため息をついて、今度は藤川から話し始めた。

「実はな、おふくろの様子がちょっとおかしいって、カミさんから電話が入っていたんだ。歳も歳だからな。カミさんに任せっぱなしで頭が上がらないよ。」

森田にとっては憧れの上司だったが、今夜の藤川はいつもとは別人のようだった。

「それは……大変ですね。やっぱり、東京に帰ったほうが良かったんじゃないですか。本当にすみません。」

森田がまたぺこりと頭を下げる。

「うん。いいんだよ。どうせ家では存在感のない俺だからな。」

「そんなことないですよ。息子さんたちだって、帰りを待っていますよ。」

「息子さんたち」という言葉を聞いて、藤川の手が止まる。

「……息子たちも俺の知らないうちに大きくなってしまって、今じゃ何を考えているか全然わからないんだよ。上の息子は、どうやら最近高校に行ってないらしいんだ。こんなんじゃ父親失格だよな。」

そう言うと、ジョッキに残ったビールをぐいっと飲み干した。

「まあ、仕事だからな。仕方がないよ。管理職にもなると、甘えたことも言えないんだよ。」

まるで自分を説得するかのように藤川は言いきった。

森田がビールのジョッキを抱えたまま、うつむいている。

「おい、どうした？　森田！」

藤川が声をかける。すると森田が消え入りそうな声で答えた。

「僕、ずっと営業の仕事は自分に向いていないんじゃないか、って思っていて。きょうの商談も朝はカラ元気出していましたけれど、本当は不安で不安で、怖くって……。もし今回の商談がうまくいかなかったら、会社、辞めるしかないって思っていたんです。藤川課長はいろいろ大変でも、いつも仕事を頑張ってるじゃないですか。それなのに僕は迷惑かけて、ダメな奴ですよね。こんなんで僕やっていけるんでしょうか。」

思いがけない森田の言葉に驚いた藤川は一つ溜め息をつくと、「ま、今夜は飲もう」と森田の肩を叩くのであった。

〈解説〉

ここに描かれているのは、ごく普通のビジネスマンの姿のように見えます。主人公の一人は、「1　とにかく話を聴いてください」に登場した藤川多恵子さんの夫です。

前半は、出張先に向かう上司と部下の姿が描かれています。職務に向かって一生懸命な中堅社員と、部下を気遣いフォローする上司。どちらも自らがなすべきことを明確にとらえ、それぞれの役割を懸命に生きています。

一方後半の仕事を終えた二人の姿は、朝の姿とは大きく異なっています。二人で仕事の成果を喜び合うものの、森田は手放しで喜べないようです。どこか自信なさげで、上司の期待にも戸惑いがあるように見えます。また、上司である藤川は、仕事で頼りがいのある姿とは反対に、家族との関係についてどことなく歯切れがよくありません。仕事の責任と家族への思いの間で揺れる気持ちや、息子との関係に対する迷いを垣間見せています。そして、藤川が自らの苦悩を口にした後、森田もまた自分の抱える仕事の苦しさを語り始めます。そこには、朝の姿とは違う二人の姿、関係が現れてきています。

役割を生きる

人はその役割を生きているときには、役割としてすべきこと、役割に求められることに集中しています。役割を上手にこなすことで、周囲から認められたり、帰属する安心を得ています。それは組織上の役割であることもあれば、「あの人はいつも明るい頑張り屋さん」など、性格的な「キャラ設定」としての役割かもしれません。

興味深いのは、それらの役割を自分の中に内在化するとき、それらの役割と一緒に社会的に課せられた思考および行動規範が取り込まれて、「この場面ではこう振舞うべき」、「ここではこのように感じ、考えるのが当然」などの、評価判断があたかも自分自身の内なる声であるかのように聞こえてくることです。自分の外側から聞こえ、内側でも反響している道徳的価値判断は、冷徹に自分を裁き、自分自身に「まだ足りない」、「無価値」、「敗北者」、「愛されるに値しない」といったレッテルを貼ります。

藤川もまた、「営業職なら当たり前」、「いちいち言わないのがサラリーマン」、「仕事なら仕方ない」、「管理職は甘えたことを言っていられない」と繰り返し口にしています。こうした言葉を語ることで、自分には「選択肢がない」として、自分の思考や感情、行動に責任をとることを回避してしまうのです。一旦、自分の思考や感情、行動の責任を「仕方がない＝選択肢がない」状況にあずけてしまうと、自分の感情や思考を無視したり、ないものとしてしまったりすることに慣れていきます。森田もまた、自信のなさや不安を払いのけ、上司に向かっては「頑張ります」と言ってしまっています。

私たちは、職場であれ、教会であれ、家庭や他のコミュニティにあっても、その中の役割や立場を生きるときには、自分自身のいのちとのつながりを見失ってしまう可能性があります。役割に過剰に適応すると、メンタル面での不調を起こしたり、自分が望まない人生を歩んでしまったりする結果になりかねません。

役割をもちつつ、自分のいのちとつながる

このように、役割や立場を生きるときの考え方や行動は、心からの思いを遠ざけるコミュニケーションを招きがちです。マーシャル・ローゼンバーグはそうした言動を、ハンナ・アーレントの書籍を引用して、「お役所言葉（Amtssprache)」と呼んでいました。ある行動を取った理由を、「そうしなければならなかったから」、「上官の命令だったから」などと説明する言動を指しています。

それでは、役割をもちながらも、自分のいのちにつながった生き方を選ぶにはどうしたらよいでしょうか。そのためには、社会規範や道徳的価値判断と、身体が教えてくれる心の動きを区別することが役に立ちます。頭に裁きの声が聞こえたら、その声を聞いたときの自分の身体と心の反応を観察します。その声に反応している自分はどんなニーズを大切にしているのか。そんな反応を引き起こすその声は、どんなニーズを満たそうとしているのか。両方を意識し、両方の自分に共感することで、無自覚に流されたり縛られたりする不自由さから解放され、自分自身を統合的に理解する助けになるでしょう。心の中の小さな声にも耳を傾け、丁寧《ていねい》に自分に共感することは、自分自身の内なる平和のために時間を使うことなのです。

お互いの人間性が見える関わり

役割や立場のみに生きるか、自分のいのちとつながって生きるかは、人間関係の質にも大きな影響をもたらします。藤川と森田は、営業職として、また上司として、中堅のホープとしての役割を懸命に生きることで、自分の心からの願いからかけ離れた存在として生きています。そこでの二人の関係は、役割としてのつながりに限定されてしまいます。そこで交わされるのは、「お役所言葉」、すべきこと、役割・立場としての言葉になりがちで、そのことによって、お互いの人間性が見えにくくなってしまいます。

ところが、仕事を終えた二人の会話は変わってきます。ホッとした森田が、内心の自信のなさを口にします。そして、上司の家族の話に水を向けると、藤川は家族のことで悩んでいることを話し始めます。少しずつ普段の役割の言葉を離れ、それぞれが一人の人間としての無防備な思いを吐露していきます。藤川は辛うじて上司としての対面を保つものの、二人の関係には変化が生まれます。いつもの頼りがいのある上司の抱えている葛藤に森田が励ましの声をかけ、藤川も仕事に自信がもてない森田の気持ちを受けとめます。そこには、朝とは違う、役割を越えた人と人とのコミュニケーションが始まっているのです。

正直な自己表現と無防備さ

藤川も森田も、それぞれ自分の本心とつながり、そこから生まれる正直な自己表現と無防備さを開示することで、お互いの関係を変化させます。私たちは相手に本心を率直に語ってほしいと願いますが、同様に自分も正直な自己表現をすることが、その願いをかなえる鍵となります。ありのままの自分の真実を率直に表現することで、一方通行ではない、お互いの間を行き来するコミュニケーションが生まれるのです。

ありのままの自分の真実とは何でしょうか。それは、立場上そう言わざるをえない言葉や自己弁護、他者批判などの奥にある「自分のいのちの状態」と、その「いのちが本当に必要としていること」です。世の中を生き抜くためにつけている仮面を外した生身の自分は、とても軟らかく無防備なので、それを開示するのはたいへん勇気の要ることです。それでも、対話の不可欠な要素の一つに正直な自己表現があるのは、こちらが自分を隠すことなく、無防備な弱さを開示することが、相手が安心して無防備になることへの誘いになるからです。お互いが率直に自分の無防備さから語るとき、対話が起こり、深いつながりが生まれる可能性に開かれます。

参考文献

マーシャル・B・ローゼンバーグ『NVC——人と人との関係にいのちを吹き込む法』安納献監訳、日本経済新聞出版社、二〇一二年。

8　がんばれないけど、がんばりたい

〈事例〉

由美子さんは、おしゃれなベーカリーショップでパート勤務をしています。教会で出会った同じ信仰をもつパートナーと結婚し、子どもたちも中学生になったので、由美子さんは職場復帰し、大好きなお店に立つことを幸せに感じていました。子育てと仕事、そして教会の奉仕をこなすのは容易なことではありません。それでも由美子さんは弱音を吐くこともなく、頑張っていました。

ある日、職場でお客さんからのクレームにうまく対処できず、トラブルになってしまいました。そのあともまた同じクレームが続きました。由美子さんは、接客への恐怖感と、自分がいることでショップに迷惑をかけてしまうのではないかという心配から、お店に出ることがつらくなってきました。一方、家では反抗期の子どもたちに手を焼いていました。パートナーに仕事や子育ての相談をすると、心配してくれるものの、夜の帰宅が遅いため、子どもへの具体的な対応について二人でゆっくり話ができません。悩みを抱え込みがちな由美子さんは、次第に夜間眠れなくなっていきました。睡眠不足で心身共に疲れきっていたある朝、ついにベッドから起き上がれなくなりました。その日はとりあえず仕事を休みましたが、それ以来、出勤することができず、次第に家事をする気力も失われていきました。

三か月が過ぎました。職場の仲間が心配して、ときどき差し入れを持って来てくれます。由美子さんにとって

それは本当にありがたいことでした。しかしその一方で、自分が見舞われる立場であることを悔しく感じていました。なぜなら、どちらかというと、これまで他の人のお世話をする立場であることが多かったからです。そのため、教会の友だちには詳しい状況を話しませんでした。

由美子さんが家事をできなくなったため、部屋は片づかず、食事に対する子どもたちの不満が募《つの》り、喧嘩《けんか》が頻発するようになりました。パートナーは相変わらず帰宅が遅く、家庭内のことは由美子さんが担うしかありません。遠方に住む母親が事情を知り、しばらく一緒に住んで家事を手伝うことを申し出てくれました。ところが、由美子さんは、病人でもないのに親に頼って家事をしてもらうなんてできない、と断りました。けれども、本当は助けを必要としていたのです。母親の申し出を断ってしまったことで余計に気分が落ち込みました。

そんな由美子さんにとって、週に一度、日曜日の午後、週報を届けてくれる同年代の教会員の女性の訪問は大きな慰めでした。彼女は由美子さんの話を黙って聴き、一緒に祈ってくれるのです。ただ、由美子さんはときどき思うのです。自分が求めているのは慰めだけではない、一日も早く、元のような活発な自分になり、ベーカリーショップに戻り、精力的に家事や教会奉仕をこなす自分に戻りたいのだ、と。

由美子さんは毎日、神に祈っています。けれども、毎朝起きることがつらいという状況にほとんど変化はなく、気分や体調の変わる様子も感じられません。それでも由美子さんは神のことを信じています。しかし、ときおり思うのです。自分は神に忘れられているのではないか、と。いったいつまでこのような力のない日々が続くのか、いつになったら活力にあふれた自分に戻れるのか、途方に暮れる日々を送っています。

〈解説〉

いろいろな役割をこなす

私たちは社会で生活する以上、様々な役割をもっています。ここに登場する由美子さんも、母、妻、子、職業人、教会のメンバーという様々な役割を担っています。幼いころから教会へ通い、信仰に基づいて道徳的にも正しい人生を送ろうと努めてきたことでしょう。結婚して子どもにも恵まれ、ワーキングマザーとしてはつらつと生活し、教会の奉仕もこなしていました。彼女は世間で言う勝ち組であり、順風満帆《じゅんぷうまんぱん》の人生を送っていたのです。そんな由美子さんにも弱点がありました。それは人間関係のトラブルへの対処がうまく行えないことと、落ち込んだときの気持ちの切り替えがうまくできないことでした。

自分のイメージ

由美子さんは日ごろ、人間関係に対する自分の弱さを思い出すことはありません。むしろ、社会的にいくつもの役割をうまくこなす自分自身の姿が本来の自分であると感じていました。また、そんな自分を誇りに思っていたため、しんどいときもそのイメージが崩れないよう無意識に努力を続けてきました。その結果、由美子さんの中で、それが本来の自分であるという自己認識ができあがってしまったのです。「頑張れ!」、「良い母、良い妻、ショップの良い店員のイメージを崩すな!」という声が由美子さんを支配し、皿回しをするように、どの役割の回転も止めることができなくなっていました。

自分の弱さに正直であること（**無防備さ**）

助けを求める自分の小さな声に耳を貸さず、なりたい自分の姿に近づくために、無理を重ねて頑張り続けることは、自分を孤独の世界に閉じ込めてしまいます。愛想の良い仮面で、周囲とは表面的に調和を保つものの、自分の痛みや不快感をどうしたらよいのか、本当は途方に暮れています。与え上手、聴き上手ではあっても、受け取ることや正直な表現が苦手です。役割をこなせないままの自分でも、そこにいるだけでいいのだとは思えずに、いつも忙しく「やること」を探している……。そんな自分に気づくことはないでしょうか。

弱さを含めたまるごとの自分で生きる

もし私たちが無意識のうちに、自分の弱い部分や都合の悪い部分をなかったことにしたり、脇に追いやっていたりしたなら、思いがけないときに大きなエネルギーとともに、その「見てもらえなかった部分」が自分の存在を主張することがあります。あるいは、あまりに繊細なので心の奥に大切にしまいこんでいるかもしれません。無理やり引きずり出す必要はありません。ただ、そこに隠れているんだね、とその存在を認めるだけで十分なときもあります。自分のうちにある様々な部分と丁寧《ていねい》に出合い、共感することで、それぞれの部分は自分の中に居場所を見つけて、安心していられるようになります。

神が与えてくださったものに何一つ必要でないものはありません。体の中に弱さを覚え、それを取り除いてくださるように懇願したパウロに対し、神はそれを取り除くことはなさいませんでした。なぜなら、人の弱さは、神の働かれる重要な場だからです（Ⅱコリント一二章）。私たちの弱さが神と出会ったとき、そこに神のいのちが宿ります。神の与えてくださったいのちを祝福のうちに輝かせるために、私たちのうちにあるすべての部分は、なくてはならない大切なものです。それは、神から与えられたまるごとの自分で生きること、つまり、自分の全体性を生きることになるのです（本書第3章、「コミュニティの中の弱さ——キリストの力が宿る場」〔一七二頁以下〕を参照）。

9　歳を重ね変わっていく母を愛するとは？

〈事例〉

自立した娘、親孝行に目覚めて同居を開始

長く教員の仕事をしていた洋子さんは、母親が生協の注文を間違えたり、風邪などちょっとしたきっかけで落ち込みが続くようになったりしたため、実家に戻って一緒に暮らすことにしました。母親が元気なうちに恩返しをしよう、週に何度か一緒に食事するだけでも親孝行になる、と軽く考えていましたが、実際は次々と予想外の事態に直面する日々となりました。

仕事帰りに母親の好物を買い、食卓を囲んで母の物忘れ失敗談で大笑いできたのは、初めの数週間でした。いつしか洋子さんは、仕事から帰って母親の顔を見ると、ちゃんと食べているか、お風呂は、薬は、爪切りは……と管理者の視線になり、テーブルを挟んで座っても、母親の堂々巡りの質問にイライラして、きつい口調になったり、話の食い違いを訂正するのに疲れて、スマホをいじりながら聞き流したりするようになりました。

こんなはずじゃなかった……

洋子さんは、母親を大切にしたいと願って一緒に住むことにしたのに、どうして冷たく当たってしまうのだろうかと悩み、ゆっくりと考えてみることにしました。すぐ思い当たったのは、母親との堂々巡りの会話でした。

どんなに心を込めて話しても受け取ってもらえない（記憶されない）虚しさ。また、年に一、二度訪ねて来るだけの兄との認識の差も気がかりです。ケアの方針など一緒に判断したいのに、兄は「任せたよ、ありがとう」とあっさりしています。

母親の変化について情報共有することの難しさを思ったときに、もう一つの気持ちが湧き上がってきました。それは、母親の変化を受け入れたくない、昔のままの、お茶目で明るく社交的な母、聡明で頼りがいのある母であってほしい、という洋子さん自身の思いです。それは、もう、自分がよく知っているあの母とは会えないんだ、という巨大な喪失感でもありました。目の前にいるのは確かに母なのだけれど、自分が知っている母とは記憶力や認知能力だけでなく、性格までも変わってしまったように感じることがありました。何を聞いても自信なさげで人に会うのを嫌がったり、思い出話に登場する人たちを急に悪く言うようになったりする母親をどう愛せばよいのか、途方に暮れている自分に気づいたのです。

母親の内面を知る――まだ頑張って飛び続けていた！

ある日、洋子さんは講習（プロセス指向心理学を日常で使えるようにしたプロセスワーク講習）で習った内面を知るワークを母親とやってみました。ちょっとした体の違和感を動作やイメージで膨らませて、意識下の声を聴く、というものです。母親は肩が重たいという感覚から、羽ばたく動作、大空を飛んでいるイメージ、しかも自分が先頭で大きな群れを引き連れて、はるか遠くからずっと飛んでいる、というイメージにたどり着きました。そして、大地からのメッセージは、「もう、地上に降りて、休んでいいよ～」というものでした。二十年前に夫を見送り、気ままなひとり暮らしを満喫していたように見えましたが、まだリーダーとして飛び続けていたのです。記憶力や認知能力が変化していくなか、群れの先頭で羽ばたき続けるのは大変なことです。飛び続けられなくなったらどうなるのか、という不安もあったことでしょう。洋子さんは、心から「お母さん、お疲れさま。これまで家族のためにずっと頑張ってくれてありがとう。もう、休んで大丈夫よ」と言うことができました。

「老人ホーム」という選択

そんなとき、洋子さんは遠くの学校へ配属になりました。どうしようかと悩む間もなく、あれよあれよと母親は洋子さんの赴任先の近くのキリスト教系の老人ホームに入居することになりました。

小さいながらも個室で、棚を置くこともできますが、母親は必要な衣類以外何も要らない、と言います。壁いっぱいに貼られていた家族の写真も、お気に入りの詩集もコーヒーカップも、何一つ持って行きたくない、と言うのです。「ここにはなんでもあるから」と。殺風景とも思えるシンプルな部屋で落ち着いた笑顔を見せる母親を見て、長年親しんだもの、大好きだったものさえも、変化の中にある母には重荷になっていたんだな、と洋子さんは胸が締めつけられる思いでした。

洋子さんは月に二〜三回、母親を老人ホームに訪問します。母親はカレンダーに大きな丸をつけて、洋子さんが会いに来るのを楽しみにしています。

「きょうはお風呂に入れていただいたのよ」（これは事実）。「きのう、カラオケ大会があってね、優勝してメダルをいただいたの」（実際は三週間前）。「引っ越しした和夫ちゃん（長男）もう落ち着いたの？　どこだったかしら……新潟だったかしら？」（ほぼ一年前に札幌に赴任。地名当ては定番のクイズゲーム）。

一時間半ほどの間に、これらの話題が少しずつ違うバリエーションで三周くらい回ります。母親の元気な笑顔、得意そうな顔や驚いた顔を見るのが嬉しくて、洋子さんもクイズの出し方を工夫して会話を楽しみます。一緒に自撮り写真を撮って、家族のラインに送ったりし、あっと言う間に時間は過ぎていきます。帰り際にはお決まりの背中ポンポンのハグをしてから、目を合わせて、「じゃあ、またね」と再会を約束します。

コロナ時代に守るべきものとは

ところが、コロナ禍で再会の約束は宙に浮いてしまいました。お部屋で会えなくなり、ホールでついたて越しの十五分面会をして、次の予約をと思ったら、翌日から完全に面会禁止になると言われました。電話では話せても、二か月、三か月と会えない日が続くと、さすがに寂しさが募ります。

きょうもまた電話がかかってきました。

母　石鹸とお菓子を届けてくれてありがとう。ここまで来たのに、私に会う時間はなかったのね。

娘　コロナ感染予防のために、面会できないのよ。

母　コロナはまだ流行ってるの？　ここにいると、何も変わらないから、わからないわ。

………

母　台風、大変だったわね。洋子ちゃんたちはもう避難所から帰れたの？

娘　避難所？　植物は何本か倒れたけど、家は雨漏りも停電もなくて大丈夫よ。

………

母　洋子ちゃん、今どこ？　今回の出張はずいぶん長いのね。

娘　出張？　コロナもあって、出張は全部キャンセルになったの。ずっとここにいるけど、施設の方針で会いに行けないのよ。

洋子さんは、母親の施設内での過ごし方は何も変わらず、職員さんたちはマスクをしていても、入居者さんたちはマスクをする必要もなく、食事のテーブルも他の方と一緒で、レクリエーションもあり、楽しく過ごしていると聞いて、ホッとしました。外界との接触を厳しく制限しているからこそ得られる安心安全な空間なのでしょう。同時に、会えない理由がはっきりしない母親にとっては、自分で納得できるストーリーが必要で、いろいろ想像しては心配したり我慢したりしているのだなぁ、と切ない思いです。電話だと自分の対応が理屈っぽくなって、母親も必死に言葉をつなぐので、堂々巡りが加速します。洋子さんは手を握ったり目を合わせたり、一緒に食べたり笑ったりする時間の流れの豊かさを思い、その日はいつ来るのだろうかと思うのでした。

〈解説〉

この事例では、洋子さんは認知症が始まった母親との関わりから、自分の限界や母親の現実を受け入れることを学んでいきます。

すべての営みには時がある

母親の居間の隅っこに、「神のなさることは、すべて時にかなって美しい（伝道者三・一一）」と書かれた古ぼけた色紙がかけてあります。これは聖書の言葉で、「すべてのことには定まった時期があり、天の下のすべての営みに時がある。生まれるのに時があり、死ぬのに時がある。……」で始まる章に出てきます。洋子さんと母親は、変化の時にありました。支える側から支えられる側へ。頑張る時から休む時へ。神が備えてくださっている時に逆らおうとすると、そこに備えられた恵みや祝福を受け取ることは難しいでしょう。神が一人ひとりにどんな時を与えておられるのか、それをよく観察して、これまでとは違った形で現されている恵みと祝福を探すのは、簡単ではないかもしれません。特に、弱さや衰えへの変化を受け入れるのは、つらく悲しいことです。そのつらく悲しい気持ちを自分や相手を裁くエネルギーにするのか、寄り添ってつながるエネルギーにするのか、選ぶことができます。

内的世界の現実に寄り添う

母親が簡単な日常の予定や段取りを繰り返し質問して確認したり、「ここでひとりで暮らせなくなったら、どうなるのかしら」と顔を曇らせたりする裏に、「頑張って先頭を飛び続けなければ」という思いがあったことを知って、洋子さんは母親のその頑張りを支えようと自分も頑張っていたことに気づきました。そして、認知症を予防し、いつまでも健康で自立して暮らす「望ましい老後生活」にこだわるよりも、目の前にいる「今」の母親の心に寄り添い、共に幸せな時間を過ごしたい、と願うようになったのです。安心して着地し、温かさの中でゆっくり休んでほしい。振り返って出てくる嘆きや苦労話は、自分の知っている「事実」とは違うかもしれないけれども、語っている今の母親の内的世界の真実として、大切に受け取ろう、と思いました。

非言語による愛の交流

洋子さんは友人からケアの対象となる人の人間らしさを大切にする技法（ユマニチュード®）の話を聞き、目を合わせたり、触れ合ったりすることを意識的に増やすようにしていました。母親は言葉では不安や疑問を口にしながらも、ハグして目を合わせて笑顔を交わすことで、知的理解とは違う次元での安心を得ているようです。そして不思議なことに、洋子さん自身も安心や承認を受け取ることができました。「お世話する人—される人」という枠組みを超えて、直接的な愛の交流が起こるとき、そこに神様の恵みと祝福があることに気づくでしょう。

（ユマニチュードの名称およびそのロゴは、日本およびその他の国における仏国SAS Humanitude社の商標または登録商標です。）

きょうのジャムを味わう——今、ここにある私

社会的な責任や自分の使命のために、あるいは「良い」信仰者として生きるために、私たちは日々前向きに頑張り続けることを奨励されているかもしれません。その結果、立ち止まることは怠けること、自分の身体や心の状態をどうこう言うのは周りへの迷惑だ、ネガティブとされる感情をもつことは弱さの現れであって悪いこと、という価値観が広く浸透しているように見えます。はたして、ネガティブな感情をもつことは本当に良くないことなのでしょうか。

アメリカの平和主義神学者スタンリー・ハワーワスは、戦争と格差拡大、人間疎外を止められない現代社会の問題として、社会秩序の中心に「スピード」とテクノロジーによる「没場所性」があることを指摘しています（スタンリー・ハワーワス、ジャン・バニエ『暴力の世界で柔和に生きる』日本キリスト教団出版局、六三頁）。この世の秩序から振り落とされないように、身体と心からのシグナルを無視して突き進んでしまうとき、行動は習慣的、義務的、教条的、あるいは熱狂的になりやすく、心からの願いや活き活きとしたいのちから切り離されてしまうというのです。過労死や自殺、鬱、いじめや自粛警察など、どれも他人事ではありません。

『鏡の国のアリス』の「第五章　白の女王のことば」に、「規則では、あすのジャムときのうのジャムはあるけど——きょうのジャムというものはないんだよ」（ルイス・キャロル『鏡の国のアリス』生野幸吉訳、福音館書店、一〇〇頁）という言葉遊びがあります。過去に捕らわれ、未来への心配に心奪われている私たち現代人の生き方かもしれません。きのうのジャムもあすのジャムも、実際に口に入れて味わうことはできないのです。きょうのジャムはどうやったら手に入るのでしょうか。実は意外と簡単かもしれません。探し回るのをやめて、立ち止まるのです。また、次の目的地への通過点としてではなく、「いま」自分の肉体が迎えられている場所としての「ここ」に立ち、「いま」の自分のいのちを感じてみる。きょうのジャムの風味を豊かに味わうことこそ、「私」のいのちにつながることだと考えてみたら、どうでしょう。

共感を長続きさせるには？

ＮＶＣの「他者への共感」は、同意や同感を前提とせずに、ただ、相手の世界に敬意をもって寄り添うことを指します。共感トレーニングは、異文化や対立相手との関係性の構築にも用いられますが、洋子さんとその母親のように、慣れ親しんだ関係性において、共有していたはずの前提が崩れるときにも役に立つでしょう。洋子さんは、母親が老人ホームに入り、食事や衛生・健康管理を職員さんにお任せすることで自分に余裕ができて初めて、共感的に寄り添う時間をもてるようになりました。自分に余裕がない状況で「他者への共感」を頑張るのは危険です。「止まる」「自己共感」「助けを求める」などのスキルを使って、自分自身に余裕を与えることがとても重要です。公的な助け、家族からの助け、教会やコミュニティなど、私たちはだれに「助けて」と言えるでしょうか。日ごろから小さい助け合いを実践していることが役に立つかもしれません。

10　仲間として参加したいんだ

〈事例〉

カルロスさんは四十代の日系ブラジル人です。昨年の夏に家族と一緒に日本にやって来ました。カルロスさんの一家はクリスチャンで、来日と同時に教会にも通うようになりました。

カルロスさんは多少の日本語ができるものの、まだ複雑な会話は苦手です。それでも教会員として貢献したいと、今年はバザーの実行委員を引き受けました。ブラジルで暮らしていたときも、教会のバザーのために活躍していたので、その経験を大いに提供したいと考えていたようです。

ところがバザーが近づくにつれ、はりきっていたカルロスさんの元気がなくなってきました。特に大きな失敗をしたわけでもなく、だれかに何かを言われたわけでもありませんが、表情が明らかにすぐれません。その様子が気になっていた陽子さんは、カルロスさんの妻のマリアさんと話をしてみました。

マリアさんとの、身振り手振りを交えながらの会話でわかったことは、こういうことでした。カルロスさんはバザー実行委員として何度もミーティングに参加してきました。ところが、カルロスさんにはあまり意見を求められませんでした。最初は自分の日本語が十分ではないからなのかな、と思っていました。なんとか頑張って意見を言ってみたものの、あまり聴き入れてもらえた感じがしませんでした。みんな、ニコニコと話を聞いてはくれますが、まともに取り合ってくれていないように感じます。次第に話すことが怖くなりました。

カルロスさんを悩ませていたのは、周りの教会員のこんな話し方でした。

「カルロスさん、意見をありがとう。でもあまり難しいことを考えなくてもいいよ。」

「いいよ、いいよ。カルロスさんはこれをやっていてくれれば。ね。」

まるで子どもに対するような話し方なのです。カルロスさんは、自分が一人前の大人として見られていないような気がして悲しくなりました。「私はお客さんではなくて、仲間として、教会員として実行委員会に参加したいんだ」と言っていたそうです。とはいえ、この違和感をうまく日本語で伝えられる気もしません。そうこうしているうちに、カルロスさんの元気は失われていきました。

そしてバザー当日、カルロスさんの姿はありませんでした。あんなにはりきっていたのに、いったい何が起きていたのでしょう。

〈解説〉

多様性の豊かさ

私たちは、それぞれ違った能力や弱点をもつ多様な存在です。聖書も、神は一人ひとりに異なる能力や性質を贈り物として下さったと言っています。しかし、この事例のように、お互いの違いが人間関係の難しさを引き起こすことはよくあることです。私たちそれぞれが違っているのはなぜなのでしょうか。

神は創造の初めから、異なる性質をもつ人々によって一つの共同体を作ることを意図しておられました。それは、共同体が多様性によって豊かに機能することを願われたからです。つまり、私のユニークさ、私のオリジナリティは、私個人への恵みであると同時に、私の属する共同体が豊かになるための、神からのプレゼントであるということです。だとすると、私たちが一人ひとりの個性を過小評価することは、共同体の豊かさに貢献しないでしょう。また、他の人をうらやんだり、遠慮して自分を隠したりする必要もないのです。違いにこそ意味があるからです。お互いの賜物、違いを共同体の中で感謝し合い、お互いのために活かしていけたら、どんなに素晴らしいことでしょう。

事例の教会では、言葉も文化も違う国から来たカルロスさんという贈り物を迎えました。そうだとすれば、教会の人々は、カルロスさんの弱点である日本語の不自由さだけでなく、彼の持っている賜物にも目を向けることができたでしょう。

ありのままで支え合う

では、どうすればカルロスさんとともに、お互いの多様性を活かすことができたでしょうか。コミュニティの中でお互いを尊重し、弱さを支え合うとき、一人ひとりがその人らしく生き、活かされ、コミュニティのいのちも活き活きと養われます。「お互いを尊重する」とは、コミュニティの中にあっても、一人ひとりがありのままで安心していられるということです。

なぜカルロスさんが「私はお客さんではなくて、仲間として、教会員として実行委員会に参加したいんだ」と言い、また、バザーにも参加できないことになってしまったのでしょうか。

複数の人が集まるとき、そこにはグループダイナミクスという、グループ独特の力が働きます。その力は良いほうへ働くこともありますが、そうではない形で働くこともあるのです。社会の中で、同調圧力によって息苦しさを感じている人が少なからずいることも、こうしたグループの中で働く力によるものでしょう。おそらく、カルロスさんは教会員の人々の「お客さん待遇」、「仲間ではない」雰囲気を感じていたことでしょう。そして、「日本語が話せて初めて完全な教会員」というメッセージを受け取っていたかもしれません。そのことに、カルロスさんは不安と孤独を感じ、ありのままでそこにいることが難しくなったのでしょう。

コミュニティの中で人が共に生きるとき、一人ひとりの多様ないのちがそこにあることを忘れないでいたいと思います。多様な人がありのままで受け入れられる安心な場となるよう心を配る必要があります。特に多くの人が一致して何かをなそうというときほど、少数派の人々に心を向け、耳を傾けたいと思います。

今、まさに社会でも、多様性（ダイバシティー）と包摂（インクルージョン）という考え方が拡がり始めています。一人ひとりが強みも弱さもありのままに生き、受け入れられるとき、私たちは自分たちの力を存分に発揮できます。そして、弱ささえも力にして、コミュニティの中に真の支え合いが生まれるのです。

無自覚なパワーの差

私たちには、人や環境に影響を及ぼすパワーに様々な違いがあります。プロセス指向心理学では、こうしたパワーの差を「ランク」と呼んでいます。たとえば、社会的なランクは、役職や地位、ジェンダー、学歴などによるパワーの差を指しています。私たちは多種多様なランクの束を抱えており、そのランクの高低は、その人が置かれている場面や文脈によって決まります。たとえば、日本の社会では日本語を使う人たちが圧倒的多数なので、その人々のランクは高くなります。また、あるグループに古くから所属している人は、そのグループでは大きな発言権をもっていても、別のグループでは経験が浅く、ランクが低くなる、といった具合です。これは、多数派と少数派の中でも同様に起こりうることでしょう。

この事例にあるように、おそらくカルロスさんは母国ブラジルでは社会的に高いランクにいた（男性であることなど）かもしれませんが、日本にやって来て、思いがけずランクの逆転を経験することになります。教会バザーのために、母国ブラジルで培ってきた経験を少しでも活かし、貢献したいと願っていましたが、日本では自分がまったく別人のようになり、そのことを表現することができません。なかなか活躍する機会のない、いま置かれている状況をどう理解してよいのだろうかと、これまで味わったことのない疎外感や違和感が襲いかかります。

一方、教会員の側からすると、まだ日本語の不自由なカルロスさんはどこまでも自分たちがお世話をしてあげるべき対象、つまりランクの低い対象に見えています。カルロスさんをまるで子どものように扱い、日本語が話せない人でも簡単にできる単純作業だけを頼むのです。彼から意見を求めることも、彼の望みや夢を聞くこともありません。日本の社会では日本語を話す自分たちが高いランクにいて、日本語が苦手な人をランクが低いとみなしていることになかなか気づかないからです。

ランクの低い側は、居心地の悪さ、不都合や不自由さを常にリアルに感じており、どうしてもランクを自覚することになります。逆に、ランクの高い側は、この事例の教会の人たちのように、気づくことが困難なためにランクに無自覚なまま行動することが少なくありません。こうした無自覚な表現や振舞いがしばしば人を傷つけ、人間関係の衝突や亀裂の要因になりうるのです。自分がもっている力や能力（ランク）を自覚して感謝して分かち合いつつ、相手に配慮しながら関わることができれば、相互のサポートや新たな出会いへと発展し、結果としてお互いに貢献することが可能になるでしょう。

11　なんだかちょっと難しい人

〈事例〉

学生のころから教会へ通っている正樹さんは今五十代となり、教会の中心メンバーの一人です。正樹さん自身も、教会を家族のような存在と感じています。そんな正樹さんの教会は街中にあって、比較的目立つ存在であることから、礼拝には様々な人が訪れます。

あるとき、正樹さんは礼拝で、普段見かけない男性が隣に座っていることに気づきました。話しかけると話が弾み、礼拝後に一緒に食事をするようになりました。その男性は健二さんといいました。最近転勤で近所に引っ越して来たそうです。以前はパートナーがいたらしいのですが、今はひとり暮らしとのこと。二人は世代も近いことから話が弾んで、毎週声を掛け合うようになりました。真面目で誠実な人柄がうかがえる健二さんでしたが、あるとき正樹さんを驚かせることがありました。それは、礼拝中にぐずりだした幼い子どもの声に過敏に反応して、ひどく不快な表情を見せ、その親子をにらみつけていたのです。周りの人も、健二さんの様子を見て驚いていました。またあるときは、食事をしながら話をしているときに興奮し、普段の落ち着いた健二さんとは思えないような激しい口調で持論を展開することがありました。

ところで、正樹さんの教会では、セル・グループと呼ばれる小グループの活動があり、共に交わりや聖書研究をしています。正樹さんは一つのセル・グループのリーダーです。親しくなった健二さんを自分のグループに招き入れたいと考えていました。そこである日、同じグループのメンバーたちにそのことを話したのですが、意外な答えが返ってきました。

メンバーの一人が、「以前、礼拝で子どもがぐずって声をあげたとき、健二さんがものすごい顔でその親子を見ていたんだ。ちょっとびっくりしたよ」と言うと、他のメンバーたちがそれに続けて話し始めました。「先週、礼拝後に食事しているとき、健二さんが急に大きな声で何か批判めいたことを言いだしたんだ。」「そうそう、僕にも聞こえた。なんだかちょっと怖い人だねぇ。」他の人もその意見に同調し、「聖書研究のとき、僕たちの間違いを指摘して、怒りだしたりしないかな」、「場の空気を読めない人だったら、ちょっと難しいね」と言い始めました。

正樹さんは、メンバーの反応にショックを受けました。「なんだかちょっと難しい人」ということで、みな関わり合いを避けているように感じられたからです。しかしメンバーをうまく説得できず、結局、グループに健二さんを迎える方向に話は進みませんでした。

それから半年が過ぎました。健二さんは相変わらず礼拝に来ており、正樹さんと軽い会話を交わします。しかし気がつくと、教会の中で健二さんに話しかけているのは正樹さんだけのようでした。セル・グループのメンバーは、健二さんに挨拶はするものの、礼拝で隣に座ったり、礼拝後に食事に誘ったりする人はいません。家族や友人が身近にいない健二さんの境遇を思うと、正樹さんは主にある兄弟として、彼の友だちでありたいと思うのでした。

しかしながら、健二さんがときおり見せる、極端に真面目であったり、激しい口調になったりすることに対して、正樹さんは一緒にいることをしんどく感じることもありました。だれかほかに健二さんのことを気にかけて友だちになってくれる人がいたらなぁ、と密かに願い、セル・グループのメンバーたちがこのことに気づいてくれることを祈っています。また、グループが新しいメンバーを迎えることの困難さをどのように克服したらよいのか、グループのリーダーとして今後のために学びたいと思いました。

〈解説〉

教会という心地良い居場所

教会に長く通っていると、信頼できる教会員同士の深い絆《きずな》ができ、まるで家族のように親しくなります。同じ信仰と価値観で結ばれた者同士の心休まる場であり、共に成長できる貴重な場でしょう。ある程度距離間のあるその関係性は、家族や職場よりも、むしろ心地良いと思えるかもしれません。ストレスの多い社会の中で、そのような環境は自分の場所として確保しておきたいという思いが生まれるのは自然なことです。正樹さんのセル・グループはメンバーにとってまさにそのような場だったようです。

本来、教会のセル・グループは、だれにでも開かれたもので、新メンバーを迎えてセル（細胞）として成長していくことが期待されています。新しいメンバーが加えられていくことは喜ばしいことです。けれども、正樹さんが健二さんを迎え入れようとしたとき、グループのメンバーからの歓迎の言葉はありませんでした。それは、心地良い居場所に異質な人が加わることへの反射的な防衛反応だったかもしれません。

異質な人を迎え入れる

神の愛の実践者として、どのような人でも受け入れる必要があることは、メンバーたちもわかっていたことでしょう。しかし現実には、健二さんは、セル・グループのメンバーにとってちょっと怖い人であり、どのような信仰や価値観をもった人かわからない未知の存在です。新メンバーを加えるときに生じる面倒臭さや心地悪さへの恐れもあったでしょう。メンバーたちは、この異質性に気を取られてしまいました。

同じ人間性を分かち合うものとして

私たちの生命の中ではお互いに見えていないことが起きています。それぞれの言葉や行動の源には、美しい意図があるかもしれません。〝暴力的〟に見える表現も、もしかすると美しい意図への渇望が引き起こしたと考えるなら、世界を違ったものとしてとらえられるかもしれません。

この「美しい意図」のことをNVCでは「ニーズ」と表現します。「ニーズ」とは、立場や文化を超えて、だれもが人として「必要としていること」、「価値」を指します。他者の言動の源に「ニーズ」があると思うとき、表面上はまったく違う考えをもった理解できない人であっても、同じ人間性を分かち合うものとして受けとめることができるでしょう。

そのことを考えると、もはや他者は善悪の判断の対象ではなく、深いところで自分と普遍的な「ニーズ」でつながっている存在、同じ人間性を分かち合う存在ということになるでしょう。セル・グループのメンバーにとって健二さんがときおり見せる不可解な言動のもつ意味に心を留めて、彼の「ニーズ」を想像してみるなら、どんなことが起こるでしょうか。

教会で見せた気難しい一面をもつ健二さんは、もしかすると、それゆえに生きづらさや孤独を感じている人なのかもしれません。健二さんは転勤でひとり慣れない土地に来て、身近に家族や友人もいません。仕事だけの毎日では気が滅入ることでしょう。以前はパートナーがいましたが、今はいないのです。もしかすると、つらい別れを経験したのかもしれません。それで、この見知らぬ地で心許せる居場所を求めているのかもしれません。

コミュニティのメンバーにふさわしい人とは？

セル・グループのメンバーにとって、健二さんは異質であるだけでなく、子どもたちに不寛容で、場の空気を読まずに感情をあらわにするなど、歓迎したくない要素をもつ人でもありました。そのような人をメンバーに迎えて何の得があろう、とメンバーたちは思ったでしょう。

自分こそはメンバーにふさわしいとまでは思っていなくても、迎え入れたいメンバーを無意識に選んでしまっていることがあります。スイスの霊的指導者ハンス・ビュルキは、「交わり」を「賜物《たまもの》（贈り物）」と表現しました。人との出会いを私たちは自ら作り出すことはできない、ということに気づかされるとき、確かにこの人は難しい人だけれども、もしかすると、この教会そしてグループへの贈り物であるかもしれない、と考えることができるでしょう。豊かなコミュニティとして成長するために、身体が様々な器官を必要とするように、キリストのからだである共同体は様々な人を必要としています。

教会の親しい仲間同士のグループに、新しいメンバーを迎え入れるのは勇気が要ります。しかし異質な人の登場は、既存のグループに、神が何か新しいことをなさろうとしている兆《きざ》しなのかもしれません。

12　燃え尽きたオルガニスト

〈事例〉

ここ、時坂教会にはベテランのオルガニストがいて、素晴らしいオルガン演奏で礼拝を長年支えてきました。教会員の人たちは、歌とオルガンで賛美する日曜日の礼拝を誇りに感じています。そんな教会で、良枝さんはここ四年ほどオルガン奉仕をしてきました。もともとは、それほどオルガン演奏が得意ではありませんでしたが、オルガン奉仕募集の声がけがあったとき、何か自分でも教会で奉仕をしたいと思い、自分から手を挙げたのでした。

良枝さんのほかに先輩のオルガン奉仕者が三人いて、いろいろと教えてもらいながら月に一度の奉仕を続けてきました。ときどきミスタッチをしてしょげることもありましたが、そのたびに先輩たちが励まし、アドバイスをくれました。良枝さんは、そんな先輩たちとの交流も楽しく、活き活きと教会に通っていました。

ところが、二年前から少し状況が変わってきました。ベテランの先輩のうちの一人が、仕事の転勤で教会を離れることになったのです。三人になったオルガン奉仕者は、それでも助け合いながら、変わらず奉仕を続けました。毎月、だれか一人が月に二回奉仕することにして、何とか毎週の礼拝でオルガン伴奏が途切れることは避けられました。良枝さんもベテランの先輩がいなくなった分、自分も頑張らなくては、と一生懸命奉仕に努めました。

しかし、オルガニストの中で一番の初心者の良枝さんにとって、礼拝の伴奏をする頻度があがり、平日の練習時間が増えたことは大きな変化でした。急にオルガンが上手になるわけでもなく、たびたび演奏を間違えたり、ミスタッチをしたりと、失敗することも増えてきました。

「すいません。きょうもミスタッチがあって、ご迷惑をおかけしました。今度は間違えないよう頑張ります。」

「良枝さん、大丈夫よ。次はきっとうまくいくわよ。頑張ってね。」

礼拝でオルガンの前に座るたび、良枝さんの指は冷たくなり、呼吸も浅くなります。すると、楽譜を見てはいるのですが、ときどきどこを弾いているのか見失ってしまうのです。失敗するたびに良枝さんは、こんなことではいけない、もっとしっかりしなくては、とますます頑張ろうと思いますが、気持ちばかりが焦り、かえって失敗を繰り返してしまいます。

ベテランのオルガニストがいなくなった教会では、ときどき、「以前の礼拝は良かったなぁ」とか、「前はもっと素晴らしい曲が聴けたのにね」といった声がささやかれるようになりました。中には直接良枝さんに、「良枝さん、頑張ってね」と声をかけてくれる人もいます。先月は、「オルガニストなら、もっとしっかり演奏するべきだ。真面目に務めてほしい」と言う教会員まで出てきました。

「良枝さん、今日はちょっと演奏が遅かったかな。次はもう少しテンポを上げてくれると助かります。」青山牧師からも、ときどき礼拝の後にコメントをもらいますが、そんな一言に、良枝さんはどうしてよいかわからなくなるのです。

悩む良枝さんに、オルガン奉仕の仲間二人は、様々なアドバイスをくれました。

「青山先生のコメントどおりにしなくても大丈夫よ。」

「失敗するかも、と思うから、かえって緊張しちゃうの。リラックスしてね。」

「練習がちょっと足りないのかもしれないわね。」

「私の場合、練習するときは、こんなふうに準備するんだけど……。」

「今度、オルガンの研修会に参加してみてはどうかしら。」

先輩たちの励ましに、良枝さんはますます頑張って練習するようになりました。間違ってはいけない、きちんとした礼拝にしなくては、といつも考えています。一年も経つと、良枝さんは、ちゃんとできない自分はオルガンの奉仕に向かないのではないかと思い始め、次第に教会に来ることが苦しくなってきました。

そんな矢先、先週、もう一人のベテランオルガニストの早紀さんが、高齢を理由に引退することになり、良枝さんは目の前が真っ暗になりました。もうこれ以上、頑張れない、もう私にはオルガンの奉仕はできない……。翌月から良枝さんの姿は教会から見られなくなりました。

〈解説〉

三年前には、活き活きとオルガンの奉仕をしていた良枝さんでしたが、気がつくと、だんだんとそれが苦しくなり、最後には教会に来ることもできなくなってしまいました。奉仕することで、燃え尽きてしまったのです。そこまでの過程に、いったい何が起こっていたのでしょう。

奉仕を始めたころの良枝さんには三人の先輩オルガニストがいて、励ましやアドバイスを受けながら、安心して奉仕をしていました。おそらく、二年前に転勤で教会を離れてしまった先輩が、オルガン奉仕のチームをまとめ、〝安心安全な場〟を支えてくれていたのでしょう。そこには相互の信頼と安心安全な場があり、ありのままの気持ちを表現しても共感してもらえる環境があったのです。良枝さんは自信のなさや不安などをその都度相談しながら、楽しく奉仕に取り組んでいました。

しかし、三人になったオルガン奉仕チームは、何とか毎週の礼拝の伴奏をやりきるため、担当回数を増やして当番を決めていきます。チームを支えてきたリーダーが不在となったため、オルガン奉仕者は、それぞれ自分の分担を精いっぱい務めようとします。まだ奉仕を始めて二年目の良枝さんは不安でいっぱいでしたが、ひとりで頑張ろうとします。人一倍努力し、失敗をすると「こんなことではいけない」、「もっとしっかりしなくては」と考えます。それまで活き活きと自分のいのちの泉につながり、喜びから奉仕していましたが、いつのまにか自己評価にとらわれ、自分の気持ちに目を向けることをやめてしまいました。

立ち止まって自分の身体に耳を澄ます

オルガンの前に座る良枝さんの指は冷たくなっています。良枝さんの呼吸も浅くなっています。楽譜も追えないほど混乱もしています。もしこのとき良枝さんが自分の身体の声に耳を傾けたら、どうなっていたでしょうか。「うまくオルガンを弾けないダメな自分」という自己評価に目を向けるのではなく、自分の身体感覚に気づき、自らのいのちの状態に気づいたら、何ができたでしょう。良枝さんは自分の中の大きな不安や恐れに気づき、かつてあった信頼や安心、サポートを求めていること、本当は頑張っている自分を認めてほしい、と思っていることも理解できたかもしれません。そして、他の二人に不安な気持ちを聴いてもらったり、担当回数を減らしてくれないかと相談したりするなど、助けを求めることができたかもしれません。

止まること、呼吸に気づくこと、身体のどこで何を感じているのかに注意を向けること、それを受けとめて共にいること、これらは、私たちが「いま、ここ」に立ち返り、「私」のいのちを感じるのに役に立ちます。一瞬たりとも止まることなく流れる血液、動く心臓、出入りする呼吸に気づき、目を留めることで、身体への敬意や感謝が生まれるかもしれません。また、痛みや違和感、こわばりや熱っぽさなどは私たちの心の状態ともつながっていて、感情とともに私たちのいのちの状態を教えてくれます。

身体が教えてくれるいのちの姿は、植物がツルを伸ばし、花をつけるように、しなやかに環境と相互に作用しながら常に変化し続けているものです。絶望のどん底にも小さな感謝や喜びがあったり、快活さの中に深く流れる悲しみがあったり、複雑で複層的で、繊細で力強い有機的ないのちの姿に気づくことが、自分との出会いの初めの一歩となります。肉体をもち、一瞬一瞬変化し続ける自分のいのちの姿に気づく生き方は、自分の中に絶え間なく湧き出る泉をもつこと、その源なる主とつながる生き方に重なってくることでしょう。

自分の弱さも受け入れ、まるごとの自分で生きる

しかし、良枝さんはそれでも頑張り続けます。良枝さんは、できない自分を受け入れられないのです。私たちは子どものころから評価にさらされ続ける世界に生きてきました。すると、自分の弱さに正直であることが難しくなります。良枝さんも、教会員の人たちや自分自身の評価の目を気にし続けた結果、無防備に「不安です」、「できません」とは言えなくなってしまいました。もしも良枝さんが、教会の礼拝に貢献したいという自分も、オルガン奉仕が怖いという弱い自分も受け入れ、まるごとの自分で人々や神の前で生きることができたら、どうなっていたでしょう。どんな良枝さんも、自分のいのちをまるごと受け入れて輝かせ、恐れから解放されて、笑って失敗を話せる日が来ていたかもしれません。

追いつめるフィードバックと力づけるフィードバック

そんな良枝さんをさらに追いつめたのは、教会員の人たちからの様々な言葉です。コミュニティの中ではしばしば起こりがちですが、良かれと思って伝えた励ましやフィードバックが、だれかに大きなインパクトを与えてしまうのです。たとえば、「良枝さん、頑張ってね」という言葉が「まだまだ頑張りが足りないね」という評価の声に聞こえたり、「オルガニストなら、もっとしっかり演奏するべき」という言葉が鋭い批判に聞こえたりします。

オルガン奉仕の仲間のアドバイスも、良枝さんにはつらい言葉に聞こえました。それぞれのアドバイスは、もちろん良枝さんを思って告げられた言葉です。けれども、これまで様々な努力を重ねてきた良枝さんにとっては、練習方法の紹介や研修会へのお誘いはさらなるプレッシャーになったかもしれません。また、練習時間を増やしている良枝さんにとって「練習時間が足りない」という言葉もショックだったことでしょう。練習しても、うまくならない自分は、どうしたらよいのだろうと考えたかもしれません。

このように、フィードバックやアドバイスは、だれかの助けとなることもあれば、追いつめてしまうこともあります。もしもそれらが一方的な要求や押しつけであれば、それは相手やコミュニティにいのちを吹き込むことにはなりません。フィードバックとして伝えようとしていることが、自分の願いから発しているのか、相手の思いに寄り添い、役に立とうとしているのか、慎重に見分ける必要があります。そして、未知なものである他者に関心を向け、観察し、その方の気持ちや必要に寄り添うならば、相手がどんなことに困っているのかを先に共感的に聴くなど、相手の状況に配慮したやりとりになっていくでしょう。

無意識なパワーの違い

もう一つ気をつけたほうがよいことがあります。それは、人の感じ方はそれぞれであるということです。ごく当たり前の話に聞こえますが、そこには一定の特徴があります。立場が高い人や状況が有利な人、何かを楽にできる人は、そうではない人（立場が低い人、不利な人や苦手な人）の苦しさに気がつきにくい傾向があるということです。

たとえば、長い間オルガン奉仕をしてきた先輩二人には、「青山先生のコメントどおりにしない」、「リラックスする」ことは当たり前にできるのですが、良枝さんにはとても難しいことです。奉仕してまだ日の浅い良枝さんの感じる難しさは、ベテランの二人にはわかりません。また、とても柔らかな表現で青山牧師が伝えたコメントも、牧師が高いランクにあると感じている良枝さんにとっては、絶対的なものに聞こえてしまうのです。

「神の前で私たちは対等です」と信じながらも、実際にはそれぞれ自分の至らなさ、低さを感じているかもしれない、と想像してみることが理解の助けになります。そして、もしもコミュニティの中にこうした痛みを感じている人がいると知ったなら、そこに自分たちが気づいていない「違いがある」ということに招かれているのです。気づくことができれば、私たちは「それぞれがもっているもの」を感謝し、祝福してお互いに与え合い、喜んで受け取れる関係へと進めるのではないでしょうか。

コミュニティの中の痛みに気づく

聖書において、教会のコミュニティはキリストの身体にたとえられていますが、身体の一部に異変が起きたなら、それは身体全体の異変なのです。足の小指に痛みがあるとき、それは身体全体の姿勢の歪みから負担がかかったせいかもしれません。そして、小さな足の小指の痛みは、小さな部分でも身体全体の苦しみとなります。

頑張り過ぎてしまった良枝さんがつらさを抱えているのではないか、とだれかが少しでも気づいていたら、良枝さんの足が教会から遠のくことはなかったかもしれません。どうしたら間違わないかというアドバイスではなく、ただ良枝さんのつらさに寄り添い、話を聴いてあげられたかもしれません。

ここ十年ほど、自己責任という言葉をあちこちで耳にしますが、イエス・キリストが伝えてくださった世界では、だれかの苦しみはその人だけの責任ということはありません。イエス様が、悩む人、苦しむ人、貧しい人とともにあり続けた姿を思い起こします。もしコミュニティのだれかが、痛みからそこにいられなくなったとしたら、それはコミュニティの全体の痛みではないでしょうか。コミュニティが一つの身体であり、相互につながっているということは、教会共同体だけでなく、家庭や職場・団体、社会においても同じでしょう。

13　顔を見ながら話そう

〈事例〉

礼拝堂の一番後ろの椅子に集められた委員が座っている。
牧夫さんは後ろから二列目の椅子に腰かけ、後ろを振り向きながら話をしている。集まった教会員は、先日の役員会で子どもクリスマス会の実行委員に選ばれたメンバーだ。
牧夫さん　「皆さん、座ってもらえますか。まずは実行委員長を選びたいのですが、どなたにお願いしましょうか。」
この問いかけを聞いた途端、皆、下を向いてしまう。「実行委員長以外の仕事ならなんでもします」とか、「自分は介護で忙しいので無理です」とか、それぞれの理由を述べ、しばらく沈黙が続く。
育子さん　「この際、若い人にお任せしたらどうでしょう。きっと子どもたちも喜ぶと思いますし。光希さん、やってくださらない？」
静香さん　「なんでもかんでも若い人に押しつけるのはどうかしら。光希さんだって就職活動とか卒論とかあるでしょう。」
光希さん　「就職は内定もらいましたし、卒業論文もだいたいできているので、私で良ければ。」
礼拝堂に拍手が響く。全員一致で実行委員長が決定したようだ。すると、気を良くしたのか、悠人さんから提案が出される。
悠人さん「クリスマスツリーだったら、オレが山から本物の樹を切って来てやるよ。」
素子さん「それなら、会場の飾りつけは、頑張って去年よりきれいにしたいわ。」
牧夫さん「サンタクロースは俺がやってもいいよ。」
「やってもいいよ、じゃなくて、やりたいんでしょ」と声がかかり、笑い声が礼拝堂に響く。
育子さん「今年はクッキーを焼くのはやめにしましょうよ。大変だもの。」
牧夫さん「クッキーだったら、ウチでやりますよ。任せてください。」
育子さん「クッキーじゃなくて、ドーナツにしたらどうかしら。」
実行委員会は楽しげに話が続いているが、なかなか進んでいないようである。すると、実行委員長になった光希さんが、恐る恐る手を挙げた。
光希さん「あの、いろいろ考えることがあると思いますが、まずは、日にちとか、内容とか、広報とか、何について話をしなければならないか、から決めませんか。」
メンバーそれぞれハッとして、顔を見合わせた。すると牧夫さんから、せっかくだから実行委員長に進行係をバトンタッチしたいと申し出があり、光希さんは承諾する。
光希さん「皆さん、ちょっと椅子を動かして、顔を見ながら話ができるようにしませんか。あ、それからホワイトボードがあったほうがいいですね。」
牧夫さん「いいですね。では皆さん、ちょっと立って椅子を動かしましょう。ホワイトボードは取りに行ってきますよ。皆さん、進めていてください。」
光希さん「はい、牧夫さん、ありがとうございます。牧夫さんが、ホワイトボードを取りに行っている間、皆さん、今年はどんな子どもクリスマス会にしたいか、ちょっと考えていてください。」

牧夫さんが、礼拝堂にガラガラとホワイトボードを引っ張って来る。
光希さん「ホワイトボードは、私が自分で書きますが、牧夫さんには、書記をお願いしていいですか。」
牧夫さん「おやすい御用です。パソコンに入れておきますね。すぐプリントアウトできるように。」
光希さん「ありがとうございます。さて皆さん、お待たせしました。実行委員会の会議では、何を相談すればよいでしょうか。」
素子さん「さっき話があったけど、クリスマスツリーや会場の飾りつけをどうするかとか、場所はどこですのか、サンタクロースはだれにやってもらうのか、とか。」
光希さん「クリスマスツリー、飾りつけ、会場、サンタクロースですね。」
牧夫さん「あと、クッキーをだれが焼くか。」
育子さん「いいえ、クッキーじゃなくて、ドーナツじゃないかしら。」
光希さん「あ、すみません。とりあえず、今日のルールとして、反対意見というのは無しで、何について話し合うかだけをまず出してもらえますか。今の話は、項目としては、お菓子について、ということでよいでしょうか。」
正子さん「参加者。子ども中心なのか、子どもも大人もなのか、教会に来ている子ども中心なのか、広くご近所に呼びかけるのか。」
光希さん「なるほど。」
正子さん「参加者ということでいえば、私、思うんですけど、子どもクリスマス会、今年もホントにするんですか。」
悠人さん「えっ、今さら、そんな話ししたってしょうがねぇじゃねぇか。」
光希さん「悠人さん、正子さんの話を最後まで聞きませんか。」

正子さん　「うちの子も大きくなったし、教会学校もここ数年、うちの教会ではやっていないし。近所にクリスマス会に誘って来そうな子どもは、ほとんどいませんよ。去年だって、みんなで三百枚もチラシを配りましたけど、結局いつも教会に来ている子ども二人しか来ませんでしたし。」
悠人さん　「(牧夫さんに目くばせしながら) そんなこと言ったって、役員会で、もう決めたんですよねぇ。」
正子さん　「私は、やることの意味がわからなくなってきました。役員会ではどういう話だったんですか。」
悠人さん　「えっ、空気読めてる？　毎年、みんな楽しみにしてるのに、今さらやめるって話はねぇだろ。」
正子さん　「やめるなんてことは一言も言ってませんわ。」
悠人さん　「言っているのとおんなじさ。」
礼拝堂に緊迫した空気が流れている。光希さんも、うーんと腕組みをして考え込んでしまった。
育子さん　「ちょっと待ってくださらない。話を進める前に、私は静香さんの様子が気になるの。静香さん、顔色が悪いわ。今、どんな感じ。」
静香さん　「ごめんなさい。私のようなものが、今、ここにいていいのかなぁって感じ。ここにいるのがつらいんです。」
光希さん　「今、何が起きているんでしょうか。私もちょっと混乱してきました。深呼吸させてください。ふぅ……。今、静香さんにとっては、今この話し合いにいるのがつらいことなんですね。安心できなくて、いたたまれないのでしょうか。」
静香さん　「はい。」
そう答えると、静香さんははぁーっと深呼吸をした。
光希さん　「静香さん、もう少し参加できそうですか。えーっと。今、正子さんは、そもそも子どもクリスマス会をするかどうか、ということをお話しになりましたが、正子さんは、意味や目的を大切にしたいのでしょうか。」

正子さん　「はい、そうです。」

光希さん　「あーっと。悠人さんは、これまでの流れとか勢いとか、楽しさを壊したくないのかな。」

悠人さん　「そうそう。」

光希さん　「ふむふむ。皆さんそれぞれが大切にしていることを聞かせてくれてありがとうございます。議題としては、目的ということになるでしょうか。そのほか、何か気がかりなことはありますか？」

育子さん　「いまのところ、ないかしらね。」（と全員の顔を確認する）

光希さん　「だいたい今は出尽くしたということで、どの順番で話し合いましょうか。」

牧夫さん　「目的、参加者、日時、場所、内容を話してから、お菓子や飾りつけ、サンタクロース、広報かな。」

光希さん　「はい。目的、参加者、日時、場所、内容、お菓子、飾りつけ、サンタクロース、広報の順番で話し合うということに、反対意見の人はいますか。」

一同、首を横に振っている。

光希さん　「いないので、同意されました。では、目的から話し合いたいと思いますが、まずは、役員会ではどういう話だったのか、牧夫さん、お話ししていただけますか。」

〈解説〉

話し合いを促進するファシリテーション

話し合いや会議は、コミュニティの中の重要なコミュニケーションです。情報を伝えたり、お互いを理解したり、何かを検討して決めたりする重要な場です。こうした話し合いを促進するスキルのことをファシリテーションといいます。

ちょっとした準備や進め方の工夫で、効率的で効果的な話し合いをすることができます。この事例では、子どもクリスマス会の実行委員会の話し合いが描かれていますが、話し合いの前半は話があちこちに飛んで、混乱しているように見えます。そこで、実行委員長になった光希さんが、後半からファシリテーションのスキルを使って、少しずつ話し合いの交通整理を始めます。

(1) 話し合いの場のレイアウト

礼拝堂の一番後ろで牧夫さんが話し合いを始めようとしましたが、途中で光希さんが、まず椅子を動かすことを提案します。話し合いの内容に私たちの関心は向きがちですが、椅子の配置のような空間の使い方が、話し合いの雰囲気や、話し合いの進み方に影響を与えます。空間の使い方を含めて、話し合いの場を設定することができます。

(2) 議題の整理と話し合いのルールの設定

光希さんが率先して、実行委員長の役割と進行係を引き受けます。話し合いの内容に入る前に、話し合いの項目を漏れがないように集め、重複がないように整理しようとしています。そして、話し合いが混乱しないよう、議題をどういう順番で話すべきかをも決めています。

また、光希さんは話し合いのルールを明確にしています。みんなが発言しやすいようにするためです。多人数での話し合いの場合、発言の多い人、声の大きい人と、発言の少ない人、声の小さい人が現れます。沈黙している人が、実は重要な意見をもっている場合があります。このように、話し合いの際にあらかじめルールを決めておくことで、話し合いをより良いものにする工夫を全員で確認することができるのです。

(3) 話し合いの可視化

光希さんは話し合いをホワイトボードに記録することを提案します。話されたことをホワイトボードや模造紙などに記録していくと、話し合いの過程と成果が可視化され、全員で共有することができるようになります。皆で同じものを見ながら話し合いを進めることで、理解の相違や話し合いの脱線を防ぎ、話し合いを活性化することができます。

(4) 小さな対立を丁寧《ていねい》に扱う

正子さんが「そもそも子どもクリスマス会を今年も開催するかどうか」という話を始め、悠人さんが「今さら、そんな話ししたってしようがねぇじゃねぇか」と小さな対立が発生します。

話し合いが対立すると、どちらが正しいのか、どちらが善なのか、ということに関心が向きがちですが、話されている事柄を明確にする以外に、一人ひとりが何を大切にしているのかを聴き合うサポートをすることも重要です。育子さんのように、その場にいる人たちの感情に関心を向けたり、静香さんのように、自分の気持ちを率直に表現したりすることが、「大切にしていること」(ニーズ)を知る手がかりとなります。

光希さんも混乱している自分に気がつき、深呼吸をして、自分自身につながり直し、静香さんや悠人さんが大切にしていることに共感して言葉にしています。

全員で支え合うコミュニティ

この事例では、もう一つ大切なことに気がつきます。一つのコミュニティの中には様々な役割がありますが、牧夫さんのように、次々と役割を積極的に引き受ける人もいれば、その反対に、なるべく役割を引き受けないようにする人もいるということです。役割を独占する人や何も引き受けない人が増えると、みんなが活き活きとした自立的(自律的)コミュニティを形成していくことが難しくなります。一部の人に役割が偏ったり、コミュニティのことをだれかに任せっぱなしにしたりすることで、活き活きとした関わりが薄れ、同時に一人ひとりの能力や思いを発揮する機会が失われます。気がつけば、コミュニティは形式的なものとなり、いのちが失われていることがあるのです。

この事例では、光希さんの話し合いの進行（ファシリテーション）や育子さんのサポートによって、全員が話し合いに参加し、ぶつかり合うなかでもお互いの意見や気持ちに関心を向け合いながらクリスマス会の準備が動き出しています。キリストの身体の様々な器官のように、一人ひとりがその人らしさを発揮しながら支え合うとき、コミュニティのいのちが養われるのです。

14　古臭いとは、失礼な！

〈事例〉

暖かな日差しの注ぐ日曜日の午後、きょうは時坂教会の総会の日です。礼拝堂には五十人ほどの教会員が集まっており、総会の議案について話し合われています。すでに昨年の決算と今年の年間予定が承認され、第三号議案の議論に移りました。

大下議長「次の議案に移ります。第三号議案は、教会の改築案の承認です。昨年、役員会と教会改築検討委員会で検討を進めてきましたが、きょうは改築案の説明と承認をいただくことになります。それでは、役員会を代表して、山田牧夫さん、議案の説明をお願いします。」

牧夫さん「ではみなさん、お手元の資料をご覧ください。すでに資料も先週配付ずみですので、端的に申し上げます。委員会とともに検討した結果、間もなく築五十年になるこの礼拝堂を建て直す案に決定しました。現時点での概算費用は別紙1のとおりです。」

大下議長「では、質疑に入ります。質問やご意見のある方はお願いします。」

するとすぐに長山さんが手を挙げました。時坂教会に昔から通っている八十代の男性です。

長山さん「私は建て直しに反対です。概算費用を見ましたが、これだけの予算をかけるのはいかがなものでしょうか。もっと費用のかからない方法はなかったんですか？」

牧夫さん　「もちろん、改修や一部改築も検討しました。老朽化が進み、暑さ寒さが厳しく、改修ではこれを解決できないこと、玄関やトイレなどバリアフリーにすることなどを考慮すると、それほど費用は下がりませんでした。総合的に考え、建て直し案に決定しました。」

長山さん　「古いとはいえ、今も使えているんだし、なんといっても、この建物は教会の歴史そのものだからなぁ」

長山さんの話が終わるか終わらないかで、三十代の男性が立ち上がった。

大下議長　「はい。若狭さん、どうぞ。」

若狭さん　「ありがとうございます。あのぉ、教会の歴史っておっしゃいますが、この建物は古過ぎます。もう限界じゃないですか？　礼拝堂のステンドグラスもなんだか古臭くて、今一つ恰好がつきませんよね。この際、新しい建物にしたほうがよいと思います。」

長山さん　「古臭いとは失礼な。それに恰好がつかないとはどういうことなんだ。教会はそういう場所じゃないと思います。」

若狭さんの言葉を聞いた長山さんは明らかに不愉快そうに見えます。

若狭さん　「失礼なことを言ったつもりはなくて、もっと建物を新しく、きれいにすれば、もっといろんな人が教会に足を運ぶのではないかと思っています。いっそ一階はカフェなんかにしてはどうですか。教会員が増えるかもしれませんよ。」

若狭さんは楽しそうに自分のアイディアを話していますが、それとは反対に長山さんはますます不機嫌になっています。

長山さん　「だから、そういう問題じゃない。私は費用がかかり過ぎではないか、と言っているんです。そのうえにカフェですか？　そんなものに金をかける余裕などないのではありませんか。」

若狭さん　「僕だって教会のことを考えてアイディアを出したんです。頭ごなしに〝そんなもの〟って言うのもどうなんでしょう。」

今度は若狭さんが不満げです。するともう一人、中年男性が手を挙げています。

大下議長　「元木さん、ご意見ですか？」

元木さん　「はい。僕は建て直しに賛成です。でも承認したら、このまま進んじゃうんですか。これから、僕たちや若い人、子どもたちが使うことを考えて、礼拝堂をどんな施設にするのか、もう少し考えたい気がします。」

これでは承認になかなか進めなさそうです。牧夫さんが頭を抱えています。

牧夫さん　「まあまあ、お二人とも落ち着いて。とにかく、どんな形であれ、新しく建てるという案です。昨年の総会で確認した費用の上限以下に抑えていますし、これからもできるだけ安くするよう努力します。具体的な間取りなどは今後も検討していきます。ですから、とりあえず、建て直し案でいいですよね？」

すると今度は六十代くらいの男性・吉永さんが立ち上がり、話し始めた。

吉永さん　「私は改修について、もっと費用を落として対応できると思っています。専門家に頼めば、素人より良いアイディアも出せると思うんです。よろしければ、適切な人を紹介しますよ。」

元木さん　「ちょっと待ってください。素人って僕たちの意見は使えないってことですか。僕たちは教会員なんですから、自分たちでアイディアを出せるでしょう。」

若狭さん　「そうですよ。僕だって教会員として考えて発言しているんです。はなから否定するべきじゃないと思います。もっと柔軟に考えてはどうですか。」

長山さん　「すると、われわれの意見は柔軟じゃないってことなんですかね。」

吉永さん　「なんでも新しければいいってものでもないですよ。」

建て替えに反対のベテラン長山さん・吉永さんと、新しいアイディアを活かしたい若狭さん・元木さんの対立が際立ってきました。礼拝堂には重苦しい空気が充満しています。発言をしていないほかの教会員たちは居心地悪そうに口をつぐんでいます。

大下議長　「さて、どうしましょう。ほかに質問やご意見はありますか?」

皆、下を向いて黙っています。

牧夫さん　「いろいろ話したし、もういいんじゃないですか?　時間もけっこう経過しましたし、ここで決を採りませんか?」

すんなり承認されると思っていた議長の大下さんは、ちょっと困惑しつつ、青山牧師に視線を送っています。しばらく黙って見守っていた青山牧師が立ち上がり、話し始めました。

青山牧師　「検討委員会も立てて議論して、役員会とも調整し、その経過も書面で皆さんに共有してきましたから、決まるかなと思っていましたが、どうやらまだ十分に聴き合えていないのかもしれませんね。」

青山牧師は礼拝堂の中の教会員の一人ひとりの顔を見渡しました。

すると、元木さんが手を挙げています。

元木さん　「さっきは僕もちょっと言い過ぎました。もっと落ち着いて、ちゃんと聴いてもらいたいし、聴いてみたい気持ちです。どうでしょうか。別の日に時間を取って、もう少し話し合ってみるというのは……。」

牧夫さん　「そうですね。光希さん、クリスマスの実行委員会もうまく会議を進めてくれたし、進行役、やってくれないかな。」

光希さん　「え〜っ……私ですか。ちょっと難しすぎるかなぁ。」

自信なさげに光希さんが下を向きます。しばらくすると、ぱっと顔を上げます。

光希さん　「そうですよ!　お隣の山川教会にファシリテーターをしている方がいるんです。私も勉強会で話し合いの進め方をいろいろと教えてもらったんですよ。その方に来てもらって、話し合いの場を進めてもらうというのはどうでしょうか。」

元木さん「僕は賛成です。もともと、もう少しみんなで考えたかったので。」

教会員のうち、半分くらいの人がうなずいた。長山さん、吉永さんも、いったん採決が見送られたことで、ホッとした様子だった。

大下議長「では、第三号議案の採決はいったん保留し、別の日程で話し合うということでよろしいですか。」

〈解説〉

対立を引き起こすもの

舞台となっているのは、時坂教会の年次総会の場です。教会の建物の改築をめぐる議案の承認にあたって、教会員の間で対立が起こります。

教会としては、すでに教会改築検討委員会を設置し、役員会と連携しながら議論をしてきました。検討の経過は随時文書でもお知らせし、細心の注意をしてきたつもりです。しかし、実際には検討委員会以外の教会員から様々な意見が出ることとなり、次第に話し合いはヒートアップしていきます。

長山さんは建て替えに伴う費用の大きさを懸念し、同時に時坂教会の歴史ある建物を気にかけています。一方、若狭さんは、古くなった礼拝堂の建て替えには賛成で、さらに一階にカフェを作るという案を提示します。その対立に、建て直しに賛成の元木さんと、建て直し反対の吉永さんが加わります。いつのまにか、「古臭い」、「恰好がつかない」、「そんなもの」、「素人」など、相手の言葉尻に非難や決めつけの言葉を見つけては、それらに反論し合うこととなります。決めつけや相手へのレッテル貼りは相互理解をますます妨げ、対立を加速します。

人は自分の意見が受け取られなかったとき、まるで自分自身を否定されたように感じがちです。自分にとって大切な事柄であればあるほど、「否定された」感覚は大きくなります。対立の焦点が単純なときは簡単に合意できるのですが、お互いの背景がわからなかったり、判断基準や価値観を共有できていなかったりするときは、お互いの意見の真意が理解できず、自分を守ろうと、ますます対立し合うのです。

意見の相違に端を発して生まれる「対立のループ」が回っています。「意見の相違」↓「否定された感覚」↓「防御と攻撃」↓「自分の意見への執着」↓「対立の激化」↓「決裂」↓「理解のあきらめ」。結果として、ますます「意見の相違」が際立ち、対立が激化していきます。

対立の奥にある大切なこと――コミュニティのいのち

しかし、建て直し賛成派・反対派に分かれた四人の意見は本当に対立しているのでしょうか。一見、ベテラン教会員と中堅教会員の世代間対立のようにも見えるこの状況は、何を表しているのでしょうか。それぞれが、それぞれに何か大切なことを理解してもらうために、一生懸命に主張しているのです。この対立は、牧夫さんが説明した建物の安全性や快適性、費用に対する経済性や建て替えの効率性などのほかにも、何か大切なことがあることを示しているのではないでしょうか。

ヒートアップする話し合いを前に、役員の牧夫さんは決を採ることを提案します。意見が十分出尽くしたところで、多数決で決めることはよくあることです。牧夫さんは、一年かけてやっと総会に提示できた議案が承認され、次のステップに進むことを願っているに違いありません。議長の大下さんも、すんなり承認されると思っていたところに予想外の対立が生じて、このまま採決してよいのか困惑しています。

コミュニティの中には、しばしば対立が生じます。一人ひとり違う背景や考えをもつ多様な人が集まれば、対立を避けることはできないでしょう。

対立が生じたとき、私たちには恐れが生まれ、心乱され、また心を痛めます。対立が生まれそうになっただけで、不安になることもあるでしょう。議長をしていた大下さんのように困惑し、どうしてよいかわからなくなったり、牧夫さんのように、対立がなかったかのように通り過ぎたくなったりします。しかし、対立は悪なのでしょうか。対立が生じたとき、そこには一人ひとりが握りしめた「大切なこと」が差し出されているのではないでしょうか。譲りがたい大切なこと、一人ひとりのいのちのエネルギーがそこにあります。

対立自体は決して悪ではありません。ところが、これまで私たちは、対立を扱う際にたくさんの困難を経験し、その結果への恐れを抱いているのではないでしょうか。人類は対立や利害の衝突を、暴力や権力、お金の力で解決するようなことをしてきました。その悲劇的な過ちの一つが戦争です。小さなコミュニティの中の対立においても、どちらかが力や正しさを用いて、もう一方の声を抑え込む形で解決することも多々あります。

しかし、青山牧師はこの対立の中に、「コミュニティのいのち」を感じます。対立の激しいやりとりの中に宿る、まだ語られていない「大切なこと」のエネルギーを見ています。また、青山牧師は礼拝堂の中の教会員の一人ひとりを見渡し、まだ一言も話していない人々の中にも、何か「大切なこと」があることを感じ、このまま多数決の勝ち負けでは決めることはできないと考えます。

対立から対話へ

すると、元木さんが、もう少し考えたいという言葉どおり、別日程で話し合うことを提案します。役員の牧夫さんから進行役を立てることが提案され、光希さんが「ファシリテーター」の存在を紹介します。対立の炎を灯しながら、コミュニティのいのちが動き出します。

次に話し合うときには対立を避けて通るのではなく、対立の中にある「コミュニティのいのち」を聴くために話し合います。私たちは対立を別の形で理解し、コミュニティの力にしていくことができます。それは、対話という道です。

対話は互いのつながりを成長させるコミュニケーションです。L・R・ハウは、対話とは、「そこに意味の交流がある人たちの間の呼びかけと応答」であり、お互いにありのままの自分を相手に与え、相手のありのままを知ろうと求めることであると定義しています。また、対話とは、人が他者との関係において自己を見いだし、隣人と神に対して「我」と「汝」として向かい合う「人格的出会い」において起こる存在論的出来事であるとしています。対話によって私も相手もありのままの自分を開示し、相手を知ることで自身が変化し、それぞれの経験の意味が変容するのです。対話の中で、人と人とは真に出会います。

対話の中で、お互いが握りしめている大切なものが何なのかを聴き合うことを通して、問題の全体像をより広く深く理解することができるでしょう。経済学者の暉峻淑子さんは「戦争・暴力の反対語は、平和ではなく対話です」(『対話する社会へ』岩波書店、まえがき)と著書に書いています。「異なっている人間同士であればこそ、対話によって新しい理解の地平を拓くという、よろこびもあるのです。対話する社会とは、多様な思考、多様な感受性に出会い、想像力を豊かにする社会でもあります」(同書、一六四頁)。

対話はコミュニティの変容と成長の源となります。イエス様は「敵を愛せよ」という言葉を残されました。それは、敵を敵として愛せよ、ということではありません。敵というレッテルを脇に置き、一人の人として愛し、聴き合いなさいということでしょう。私たちには、お互いを大切な存在として尊重し合える、対話という新しい話し合いの仕方を学ぶ道があります。コミュニティに対立が生じたときにこそ、自分たちの変容と成長の機会としてお互いの声を真摯に聴き合う対話を実践し、新たな答えを共に創造することができるのです。

置かれているコミュニティに気づく

対立から対話への新しい道筋が時坂教会共同体に示されました。対立があるとき、対話へと向かうことは簡単なことではありません。そのきっかけとなったことは何でしょう。

きっかけは、自分たちが置かれているコミュニティに気づいたことでした。最初に気づいていたのは、青山牧師でしょう。牧師という立場から、譲ることのできない意見で対立する四人と、まだ声を発していない教会員たちへのまなざしは、教会共同体全体へのまなざしでした。現に、話し合いで発言しているのは、男性ばかりで、まだ女性はだれも発言をしていません。そして、次に気づいたのは、元木さんかもしれません。自分の意見を必死に伝えていた元木さんは、自分以外の教会員にも大切にしていることがあるに違いないと関心をもちました。「私たち」という視点に気づいたのです。

私たちは、物理的な「場」に属し、生活の中で起こる様々な「現場」の中に生きています。しかし、コミュニティとはどこにあるのでしょうか。

イエス様の「だれがこの人の隣人となったか」という問いかけを思い出しましょう（ルカ一〇・三六）。コミュニティはすでにそこにあるのではなく、互いを思う愛があるとき、そこがコミュニティになるのではないでしょうか。神は私たちの働きを通して、創造の業を続けておられるのです。

ですから、人々が集まり、神が共にいて支えてくださる場をコミュニティと呼ぶことができるかもしれません。私たちの家族や地域の中、職場の中にもコミュニティを見いだすことができるでしょう。もしかすると、自分の所属する組織には共通項がない、温かいコミュニケーションがないと感じているかもしれません。それでも、だれか一人がそこにコミュニティを見いだし、小さな働きかけをし始めるとき、そこに新しい変化が生まれ、神が働きます。コミュニティは物理的な場所だけにとらわれないものでしょう。私たちが今いる様々な「現場」で、私たち自身がまず、そこに神のまなざしを感じ、コミュニティに置かれていることに気づくことからコミュニティは始まるのです。

対立のただ中で、青山牧師が教会員の一人ひとりに目を向けたとき、元木さんが他の教会員の思いに関心を抱き、声を発したとき、年次総会はコミュニティとして認識され始めます。「私」の思いから「私たち」の思いへの扉が開かれました。

そこから時坂教会では、この対立の炎をホールドし、そこから対話による変容をサポートするファシリテーターを招聘することを受け入れました。この決定は、コミュニティの存在に気づきを促し、対立の先にあるコミュニティの変容という希望へとつながっていくでしょう。

第2章　希望のしるし

本章では、私たちが個人的に経験した出来事の中で葛藤したこと、気づいたことを紹介します。ここには、親と子の関わりの中でわかり合うことの難しさや、社会や世界という大きな単位で直面する関係の悲惨さがあります。同時に、それぞれの困難の中にあっても、絶望の闇の中に希望のしるしを見いだす物語です。

1　ありのままの声を聴く

最初のお話は、一人の母親が語るものです。ごく普通と思われる母と子が、「問題」と葛藤しながら、ありのままの声を聴き、語り合えるようになるまでの過程を描きます。その過程には、私たちの身近な関係におけるコミュニケーションのあり方に対する本質的な問いがあるように思います。

わが子の〝ありのままの声〟を聴いた瞬間

忘れもしない、息子が高校二年の初夏のことでした。いつものように、朝起きてこない息子を起こし、学校に送り出そうと声をかけたときのことです。

「吐き気がするほど行きたくない。」

布団の中から絞り出すような声が聞こえました。それは、嘘《うそ》も誇張もない、わが子の〝心からの声〟でした。その瞬間、私の中で何かが腑《ふ》に落ちました。吐き気がするほどの葛藤や苦しみが彼の中にあることが伝わってきました。そして、そこまで行きたくないものを強制することはないと思い、「わかった、きょうは休もう」と応えたのです。

今から思えば、学校に行こうとしない息子の本心を、初めて聴いた瞬間だったと思います。出口のない不確かな日々の中で、たった一つ確かな手応えのある息子の声でした。問題ではなく、息子自身を私が見た瞬間でした。

そしてこの後の数年、息子の〝心からの声〟に耳を傾けながら、親子二人三脚の旅が続きました。

「学校に行かない」という「問題行動」

息子は中学時代から学校に遅刻しがちで、私が出張などで不在の時には登校をしないために、学校から私の携帯電話に連絡が入ることがたびたびありました。学校の先生や親である私には、単なる夜更かしによる遅刻や欠席と映っており、問題は彼の生活態度にあると考えていました。学級担任は折に触れ、不真面目な息子の態度を指導していたと思います。三者面談でも、親子ともども、もっと真面目に学業や学校での活動に取り組むよう強く言われていました。

そんななか、私は働きながらの子育てで、目が行き届かない自分のしつけの問題ではないかとも思っていました。ですから、朝起きられないわが子の〝問題行動〟を修正し、正しい姿＝〝学校に行くこと〟に向かわせようと必死でした。けれども、息子の朝寝坊は減ることがなく、無断欠席もなくなることはありませんでした。

それでも元来要領のよい息子は、中学三年生の秋から受験勉強を始め、塾にも通い、卒業式にも出席し、無事に高校受験に合格しました。進学校とまではいきませんが、比較的落ち着いた環境の高校に入学し、新しい学校生活をスタートしました。

息子自身も、心機一転、何かが変わって学校生活が楽しくなるのではないかと期待していたようです。新しい友人ができ、部活動も始めて、しばらくは充実した高校生活を送っているように見えました。しかし、それも次第に雲行きが怪しくなり、一年生の後半になると、再び朝起きられないことが増えていきました。朝はたいてい不機嫌で、こちらの呼びかけにもほとんど応答がありません。私はただ布団から出て来るのをイライラしながら待つしかありませんでした。

それからは、朝に息子を起こし、学校に向かったことを確認してから出勤する生活となりました。間に合わないときには、学校まで車で送っていくこともあり、冬になると次第にその頻度も多くなっていきました。とにかく、学校に行かせることに必死だったのだと思います。

毎朝のように学校に行くように話し、高校を卒業できなければ将来どんな困ったことがあるのか、ことしやかに説得したこともありました。日常生活の中で、学校に行くか行かないかで罰を与え、ご褒美をちらつかせたこともありました。このままでは、ちゃんとした大人になれないと脅したこともあったと思います。そのたびに、息子は不愉快そうな態度をするだけで、いったい何を思っているのか、私には正直なところ、まったくわかりませんでした。

息子の〝問題行動〟を修正し登校させようとしていた私は、息子が高校二年になったころにはすっかり袋小路にはまっていました。どうして登校をそんなに渋るのか、その理由を聴けないまま、学校に行くことを強制する日々に疑問を感じ始めていました。まるで分厚い膜に包まれた存在のようで、手を伸ばしても触れることができない、わが子でありながら、そんな感覚ですらありました。

そんなころの出来事だったと思います。ある朝、息子は順調に登校の支度をし、私の出勤時間に一緒に家を出ることができました。家の前で「いってらっしゃい」「いってきます」と左右に分かれ、きょうは平和な一日が始められるなとホッとしながら、私は家の前の通りの角を曲がりました。そのとき、なぜかふと振り返りたくなったのです。少し戻って角から振り返ると、私の姿が見えなくなったことを確認した息子が、踵《きびす》を返して帰宅するのが見えました。

思ってもいなかった光景を見て、どうしてよいかわからなくなった私は、息子が家に入るのを見届けて、そのまま出勤しました。わが子が何を感じ、何を思っているのか、まったくわからない自分をひどく情けなく、悲しく感じました。

どうにか一日の仕事を終えて帰宅し、息子に朝の出来事を話し、なぜそんなことをしたのかを聞きました。返ってきた言葉は、「だって、母さん、僕が学校行ったほうが喜ぶと思ったから」でした。

息子は、自分の行きたいという気持ちから学校に行っていたのではなかった。ただ、母親が喜ぶから学校に行ったふりをしていたのだ。そう知って私はショックでした。数々の説得も、彼には届いていなかった。これまで彼に強いてきたことには、何の意味もなかったことを知りました。何より、息子の本当の声を聴いていない、聴こうとしてこなかったことを思い知ったのです。

自分の声とわが子の声を聴く

ちょうど息子が高校一年になったころから、私はＮＶＣ（Nonviolent Communication〔非暴力コミュニケーション〕）を学び始めました。ＮＶＣは、自分も相手も同じくらい大切にするコミュニケーション、共感的コミュニケーションとも言われています。自分自身の大切にしていることと、相手が大切にしていることを区別し、どちらも尊重するあり方とも言えます。そうしたスキルを学びながらも、今一つ、息子の気持ちを聴くことができずにいたのです。

私はまず自分自身が何を感じ、何を願っているのか、自分自身に共感することから始めました。学校に行かせたいと思っているのは私自身なのだ、今の自分の思いと息子の思いは同じではないのだ、と毎朝自分に言い聞かせながら、私自身の気持ちや思いを言葉にして、学校に行くように促していました。

そんな折、息子が高校二年生になったころ、ＮＶＣを学ぶワークショップでのことでした。自分の中にある複数の声――「学校に行かせたい自分」と「息子に学校を強制したくない自分」、その両方の声に耳を傾け、そこにある気持ちや願いに共感する体験をしました。

一方の声は、学校というシステムに乗って高校・大学と進み、学習や大切な人とのつながりを育て、将来充実した人生を歩んでほしいという願い。もう一方は、活き活きと自分らしく、自分の意志で人生を選択し、幸せになってほしいという願い。どちらの声も私の偽らざる思い。それでいて、今の状態は、そのどちらも実現できていないことへの嘆きがありました。

そこでわかったことは学校に行くことは一つの手段であって、学校に行っても行かなくても、私が願っていることは同じ――息子の自立・自律であり幸せ――であるという実感でした。それならば、「学校に行くこと」ではなく、「願っている姿」だけにフォーカスしようと決意することができました。学校に行くことは一番大切なことではない。私の中で決定的に何かが変わりました。

自分がわが子に何を願っているのかが明確になってからは、息子が今感じていること、大切にしていること、息子の声に耳を傾けることをまずしよう、そう思うようになりました。説得も、脅しも、罰もご褒美もありません。一切のコントロールをやめました。ときには、自分が何もしていない無責任な親ではないか、と恐ろしくなることもありました。ただひたすら、親である私の〝願い〟を伝え、息子の中に何があるのかを聴こうとする日々でした。

「吐き気がするほど行きたくない」という言葉を聴けたのは、そんな矢先だったと記憶しています。彼がやっとのことで表現できた〝心からの声〟を聴けたのです。私自身が変わってからは、少しずつ薄皮がはがれるように息子の声が聞こえてくるようになりました。何より、以前のように学校に行ったふりをしたり、自分の気持ちを隠したりすることが減っていきました。

それまでの私は、息子ではなく、「問題」である不登校を見ていたのだと思います。今、息子に起きていることではなく、学校に行かないことだけを見ていたのです。冷静に考えてみれば、自分に関心がなく、学校に行くことしか頭にない人間に、自分の胸の内を話そうなどと思うはずもありません。

少しずつ、親子の対話が進むようになり、学校で起きていること、学校の中の人間関係、それらについて彼が感じていることを聴くことができるようになりました。学校というシステムの中で感じる生きづらさ、虚しさといったものを感じているのだということを受け取りました。もちろん、そこには親としての葛藤もありました。

自分自身は学校生活が楽しく、有意義であったと感じているだけに、そうした恩恵を受けずに学校を離れることに抵抗感はありました。しかし対話を重ねれば重ねるほど、息子と私が別の人間であること、感じ方も受けとめ方も、望んでいることも違うということを知るに至りました。

そうして息子の今ここの声を聴きながら、高校二年の夏休み明けには学校を休学することを決め、先行きの見えない親子の旅は続いたのでした。

だれかにわかってもらうということ

学校に行かなくなった息子にとって、しばらくの間は話を聴いてくれる親だけが数少ない理解者でした。世の中の人には、学校に行けない自分のことなど、そうそう理解してもらえるはずがない、という思いが彼の中にあったと思います。

その思いが少しだけほどけた出来事がありました。それは、意外なことに高校の学級担任の先生との出会いでした。学校を休学して間もなく六か月になろうというころ、担任の先生から連絡があったのです。このまま留年してもう一度二年生をやり直すのか、単位制や通信制の高校に転校するのか、そろそろ決めてほしいという連絡です。

二度と学校に足を踏み入れたくないと思っていた息子を連れて、親子で久しぶりに学校を訪ねました。真冬の二月の夕方のことです。待っていた先生は、ぎこちない笑顔を浮かべながら、進路指導室に私たち親子を招き入れてくれました。

先生は、なんとか自分の生徒が高校を卒業できるように、あらゆる情報を集め、まとめていてくれました。親としてはありがたいことです。用意していた提案を一つ一つ息子に説明してくれました。しかし、息子はその一つ一つを丁寧に断っていきました。あくまでも、学校の中で生活する、学ぶことの意味に共感できないことにこだわり、自分が学校で何を感じ、どう考えているのかを淡々と、ぶれることなく話し切りました。そして、自分の気持ちや考えに正直に暮らしたいことを伝えたのです。先生との対話はおよそ一時間半続いたと思います。

その長い対話の最後に先生は言ったのです。「わかった。君は高校に行く意味があるとはもう思えないんだね」と。そして、「君は真面目だなぁ、そんなふうに考えていると疲れるだろう」とも話してくれました。この言葉は息子の心に響きました。これまで「不真面目だ」と言われ続けた息子の中の、生真面目な部分を初めて知ってくれた先生だったからです。先生は、「もし君が何かやりたいことが見つかったら、何年経ってもいいから連絡がほしい」と笑顔で握手をしてくれました。

退学届に署名をし、学校をあとにしたにもかかわらず、私たち親子には、なんとも言えない安堵感《あんどかん》がありました。自分に嘘をつかず、正直に話ができたこと。そしてその話を理解してくれた人がいたこと。これは大きな前進でした。

いったい「問題」とは何だったのか

親子の間のコミュニケーションが改善し、少しだけでも理解してくれる人との出会いがあったものの、目の前の「問題」が解決したわけではありません。学校というシステムの外に飛び出した私たちは、まるで大海原に小舟で漕《こ》ぎ出したような気持ちでした。三六〇度、視界が広がり、どこに行くのも自由でありながら、目標も目印もないなかで、息子はこれからの生き方を描いていかなくてはならないのです。

もちろん、それからもゲームに没頭して昼夜逆転をしたり、アルバイトに出かけて忙しい思いをしたり、様々な問題が続きました。〝普通に〟高校に通い、大学受験の準備をしている若者と比較すれば、いったいこのままどうなってしまうのだろうかと不安な日々でもありました。それでも、その都度息子の話を聴き、私自身の不安や恐れも含めて伝えながら、息子自身が自分の道を決めるのを見守り続けることができました。

退学してから二年ほど経ったころでしょうか。息子は自分の進む道を見つけました。周りから見れば、安寧な選択ではなかったかもしれません。それでも彼が納得して選択したことです。だれかに強制されたり、仕方なく選択したりしたことではないことを私は知っています。私は、そのことに希望を感じています。今、彼は自分で決めたことに向けて、生真面目に一生懸命に取り組んでいます。自分で決めたことを意欲的に学び続けています。

いったい「問題」とは何だったのでしょうか。今なら、私たちが向き合っていたのは、「不登校」という問題ではなかったのだ、と確信をもって言えます。問題は、息子が生きていくうえで感じている生きづらさでした。そしてその声をだれも聴いていなかったことだったのだと思います。

子どもや生徒に困ったことが起きると、学校や親、社会は、そのこと自体が「問題」だ、と言います。しかし、本当に問題なのは、そこに現に困っている本人を見ずに、「正しい姿」に変えようとすることなのではないでしょうか。実際には、困ったことの中にこそ、ありのままの声へ開かれた扉、希望があるのだと思うのです。

生命そのものからのコミュニケーション

「不登校」と呼ばれる「問題」をめぐる状況は様々であり、「ありのままを聴き合える関係」だけでは語り尽くせないものがあるでしょう。しかし、多くの親子がこの問題をめぐってコミュニケーションに悩み、葛藤しています。親たちはわが子の幸せを願い、どうにか復学させようと努力します。学校側も学校に戻ることが良いことであるという前提で、生徒を指導しています。そのようにして、「学校に行く」という選択肢しかないなかでの大人と子どもの間のコミュニケーションがなされます。

そこにあるのは、最善であると思われるシステムに合わせようとする力です。子どもは高校に行き、大学に行って就職するのが善であり、それ以外は悪、望ましくないという発想です。

私たち人間は、その時代その時代で、良いと思われる仕組みを作ってきました。政治の仕組みであったり、教育の仕組みであったり、組織の仕組みであったり、人間にとって望ましいと思われる様々なシステムを構築してきました。そして、これらのシステムを維持していくためのルールやコミュニケーションを獲得してきたのです。それらは人間の知恵であり、私たちが先人から受け取った大切な遺産でもあります。

しかし、一方で人間というものは生きていて、刻々と変わっていくのも確かです。必ずしもシステムやそのルールの中に固定できる存在ではありません。ときにはそこからはみ出すことも大いにあり得る存在です。私たちが獲得したシステムに信頼を置けば置くほど、また、システムの中のコミュニケーションを維持すればするほど、こうした逸脱が許容しがたくなります。不登校をめぐる、親と子のコミュニケーションのすれ違い、教師と生徒のコミュニケーションのズレはここからくるのではないでしょうか。

神学者のR・L・ハウは著書『対話の奇跡』の中で、このように書いています。

「コミュケーションの――ひいては対話の――いま一つの目的は、生命の形式を、その形式を生み出した生命力との関係の中へ、連れもどすことである」（八〇頁）。

「（同様に）関係の生命力とその生命の形式との間に創造的緊張が存在する時、その関係は進展し、その相手は共に新しくされ創りかえられる」（八一頁）。

つまり、私たち人間が作ったシステム＝形式の中でコミュニケーションをとるとき、確固たるシステム側に埋没するのではなく、日々刻々と変化する人間の生命にも耳を傾ける必要があるということと言えるでしょう。

NVCを体系立てたマーシャル・ローゼンバーグもまた、その著書の中で、人が立場や役割、システムの部品としてコミュニケーションをとるとき、そこに生命の言葉、思いやりのコミュニケーションが失われがちになるということを示唆しています。

私たちの社会は、これまで高度な仕組みを構築してきました。この世界がどのような仕組みで構成され、そこからどれほどの恩恵や不都合を受けているのかすらわからないほどの巨大なシステムなのです。このシステムは国境を越え、一つの国のエゴが、他の国の飢餓や戦争を引き起こすほど複雑になっています。

このようなシステムの中で、私はどのように生命の宿る世界を実現できるでしょうか。その一つの答えが、生命そのものからのコミュニケーションなのではないかと思うのです。

酒井麻里

参考文献

マーシャル・B・ローゼンバーグ『NVC――人と人との関係にいのちを吹き込む法』新版、日本経済新聞社、二〇一八年。

R・L・ハウ『対話の奇跡』ヨルダン社、一九七〇年。

2　社会倫理と霊性

ここから語られるのは、私が世界の様々な場所を旅する中で見てきた「分断」と「和解」の物語です。イエス・キリストは、ローマ支配下にある社会において、虐げられ顧みられなかった小さな人々の中で福音を告げ知らせました。私が目撃してきたものも、目を覆いたくなるような悲惨な出来事の中にありながら、人々がイエスの示した福音を生きている姿でした。

一　もう一つ別の世界（神の国）を求めて

1　北米・中米での小さな体験から

(1)「冷酷な怒り」という武器

二〇〇一年九月十一日、北米ヒューストン経由で中米ニカラグア共和国に飛んでいた私は、到着直後に、あのニューヨークの同時多発攻撃事件を知らされました。宿舎のテレビをつけると、どの局も数日間は、旅客機が超高層ビルに衝突する映像ばかりでした。「ぼくたちが帰りに乗る飛行機もこんなふうにぶつかるの？」と心配そうに尋ねた当時五歳の息子の言葉を今も忘れることができません。

銃や爆弾などの凶器であれば空港の荷物検査で発見されたと思います。しかし、「冷酷な怒り」という武器は、空港の検問を容易に通りぬけ、検査員も見つけることはできないのです（アルンダティ・ロイ『帝国を壊すために――戦争と正義をめぐるエッセイ』岩波書店）。

この「冷酷な怒り」は、アメリカの自由と民主主義の象徴である自由の女神像にではなく、経済の象徴「世界貿易センタービル」、そして軍事の象徴「ペンタゴン」に向けられました。このことは何を意味するのでしょうか？

ニカラグアの街を車で通りがかる際、物乞いをする人々、水と菓子を売り歩く子どもたちを見かけました。短い滞在にもかかわらず、この国が経済的にたいへん貧しい国であるということを実感しました。ニカラグアは、一九三〇年代からの四十年にわたる独裁政治とその後十年に及ぶ内戦で、社会が極度に混乱、疲弊していったといわれます。海外からの多額な経済援助は国力の底上げにはつながらず、一九九九年には重債務貧困国（ＨＩＰＣＳ）でした。

これは、ニカラグアの特殊性というよりも、八〇～九〇年代の世界的な開発援助の潮流*が支援国の論理によるインフラと経済偏重となっていて、援助を受ける国が抱えている国内の実態が見過ごされてきたことの結果の一つといえるでしょう。他の旧植民地諸国と同じように、ニカラグアにも支配層―被支配層が分断され適正な所得の分配ができない社会構造があり、白人や白人との混血優位で先住民やアフリカ系国民が周辺化されていて、国民すべてを対象とした教育や医療、福祉の仕組みがそもそも不在であるといった状況がありました。その中で経済中心の開発が進めば進むほど格差が拡大し、森林伐採や環境破壊が進み、土地の収奪が、生きる権利さえ奪っていく……貧困状況の悪化はここニカラグアも例外ではありませんでした。

*二〇〇〇年代に入り、世界はこうした開発への反省から、段階的に方向性を変えてきました。まず、二〇〇〇年の国連ミレニアム・サミットでＭＤＧｓ（Millennium Development Goals／ミレニアム開発目標）が提唱され、人

間の開発や貧困解決が支援国や国際機関の目指すべき目標に掲げられます。二〇一五年の国連サミットではそれを引き継ぐ新たな取り組みとしてＳＤＧｓ（Sustainable Development Goals／持続可能な開発目標）が採択されました。

日本政府も批准したＳＤＧｓが画期的なのは、もはや先進国が途上国をどう支援するか、という枠組みではなく、すべての国の政府も企業も民間団体も市民もが取り組むべき人類共通の目標である、という点です。ほかにも「だれ一人取り残さない」という社会的弱者やマイノリティ・先住民を含む視点、パートナーシップの重視、そして「持続可能な開発」という開発の新しい定義があります。社会・経済・環境は相互に関連している、という考え方はビジネスにも影響を与え、ＥＳＧ投資すなわち環境（Environment）・社会（Social）・ガバナンス（Governance）に配慮した事業運営を条件とする投資は伸び続け、二〇一八年時点ですでに世界の運用資産の１／３に達しています。

ＳＤＧｓが示す目標は「できたらいいね」という楽観的なものというよりは、人類の生き残りを賭けた祈りのようなものでもあります。政府や国連がなんとかしてくれるだろう、というお任せ主義の眠りから目覚めて、私は、私たちはどうするのかを問う時が来ています。

参考文献

宇田川光弘「日本の『経験』とＯＤＡアプローチの再検討——主権の二重性の観点から」、『国際開発研究』第二〇巻第一号、二〇一一年。
外務省『政府開発援助（ＯＤＡ）白書二〇〇三年版』
UNDP, “From the MDGs to Sustainable Development for All —Lessons from 15 years of Practice,” Nov. 15. 2016.
夫馬賢治『ＥＳＧ思考——激変資本主義一九九〇—二〇二〇、経営者も投資家もここまで変わった』講談社＋α新書、二〇二〇年。

(2) 「文明の豊かさ」とは？

ニカラグアは「開発途上国」といわれていましたが、出会う人々の優しさとたくましさ、あたたかさが感じられました。その一方で、帰途に立ち寄った米国ヒューストンは、世界でも屈指の「文明都市」ですが、そこでは、ニカラグアとは対照的な姿、つまり、産業都市の発展、通信設備の充実、工業化などを目の当たりにしました。

ヒューストン空港から宿舎に移動する車中で、その運転手は私たちに誇らしげに語りました。

「アメリカにとって九・一一は屈辱的な事件だ。われわれは新たな戦争を開始する。」

彼の言葉を裏づけるかのように、町中全戸に星条旗が掲げられている異様な光景を忘れることができません。

それでは、「この新しい戦争の勝利とは何か」。当時の米国防長官は「アメリカが自分たちの生活を続けることを世界に納得させられれば、それが勝利だ」と会見の席で答えたといいます。しかしこの戦争の費用を払っているのはアメリカの貧しい人たちであり、戦争を実際に闘っている多くは、「志願兵」になることで生活の糧と教育の機会を得ようとする貧しい白人、黒人、ラテン・アメリカ系住民、アジア系の若者たちで構成される軍隊です。沖縄などに配備されている海兵隊も、貧しい若者たちの占める割合が少なくありません。

社会的に弱い立場に置かれている人々がその社会でどのように遇されているのかが、その国の文明の豊かさの指標だといいます。「最大の環境破壊」である戦争が新たに開始されることで後世に何がもたらされるのか（もたらされたか）、私たちは歴史と事実から学び取る必要があります。

2　公害の原点「水俣病《みなまたびょう》」

(1) 近代化の豊かさの陰で

実はその少し前まで、私は九州の水俣にいましたが、この米国での小さな体験が、私に水俣での出会いをもう一度想い起こすきっかけとなりました。貧困と富、憎しみ、怒り、飽くなき欲望の追求といった事柄が、根底のところでつながっているように感じられたのです。

自然は文明社会を必要としませんが、文明社会は自然がなければ生きられません。にもかかわらず、文明は環境を破壊し、生き物を絶滅に追い込んできました。今もそうです。

日本では明治以降、近代化が急速に進んだことで、人々の暮らしは豊かになりました。私たちの暮らしの中にある日常品の中には、水俣病の原因企業・チッソの開発した製品が少なからずあります。化学肥料、ビニール袋、米袋、電線被覆、家電製品、自動車部品、ポリエチレン、ワイン・ハムなどの防腐剤、紙おむつ、サインペン、ビデオテープ、化粧品材料（保湿剤）、液晶など。どれも、便利で快適な商品としてふだん私たちが消費しているものばかりです。しかしこの近代化の代償として、半農半漁の寒村にすぎなかった水俣、不知火海《しらぬいかい》沿岸の人々が、公害病の被害を受けたのでした。

工場はお金を儲《もう》けるためにどんどん生産を続け、要らなくなった大量の重金属を海や川に棄てる。その毒が自然のサイクル（食物連鎖）によって、人間にはねかえり、絶望的な不治の病を生み出したのです。多くの人が便利さや快適さの恩恵にあずかっていたその裏側で、大規模な環境破壊が起こり、空や大地、海の生きとし生けるものが犠牲となりました。水俣病は近現代における人間の病、人災であり、突き詰めれば人間の罪の結果といえるのかもしれません。

(2) だれがどこで「いじめ返し（報復）」を断ち切るの？

水俣・茂道《もどう》の漁師、杉本栄子さん一家を襲ったのは、健康の破壊、経済（漁業）の破壊、そして家族の絆《きずな》・共同体（地域社会）・人間関係の破壊でした。一九五〇年代以降、公害病のために多くのものが奪われ、分断されていったのです。生命の破壊にとどまらず、それまで互いに助け合ってきた村の共同体において、差別や偏見、憎しみ、いじめが繰り返されていくのでした。

栄子さんの父、進さんは網元としていりこ漁を営んでいましたが、一九六九年、水俣病裁判が始まる直前に水俣病で亡くなりました。生前、進さんは、公害病患者である自分たちを差別し、いじめる人々に仕返しをしたい、との愛娘の栄子さんの訴えに耳を傾け、共感しつつも、同意はしなかったといいます。進さんが栄子さんに伝えたこと、それは、「いじめ返しだけはするな。自分たちは（いじめる人たちを赦して）すっきりして死のう」という一言でした。栄子さんは、父のこの言葉を心に留めたのでした。

その後、栄子さんは、借金をしてイワシ漁のための漁船を購入します。大量の水銀に汚染され、二度と元に戻ることはないといわれていた水俣の海に、かつて棲息《せいそく》していた魚たちが少しずつ戻って来たのです。海の復活を確信した彼女は、お連れ合いの雄《たけし》さんと一緒に二艘《そう》の船に乗りながら、息子さんたちの帰りを待ちました。

この船のことを水俣では「もやい船」と呼んでいます。船と船とをつなぎ合わせ、お互いに助け合って共に生きるところから「もやい」という言葉が生まれました。チッソ工場が水俣にやって来るまで、もともと村には「もやい」がありました。しかし近代化の陰で多くの生命が奪われ、もやいのコミュニティが破壊されたのです。でも、そこで終わりませんでした。

水俣では一九九〇年ごろから「もやい直し」が始まっています。過去の教訓を生かし、二度とあのように悲惨な出来事を繰り返してはならない。母なる海を汚したり、生きとし生けるものの生命を殺したりしてはいけないのだ、と。もやい直しの精神は、栄子さんの死後も息子さんたちが継承されています。

患者さんたちは、自分たちをこんなひどい目にあわせた原因企業に対して、怒りと憎しみを強く抱いていたはずです。しかし、水俣の人々はチッソに対していじめ返し（報復）をいっさいせず、どこまでも言葉で立ち向かいました。復讐《ふくしゅう》ではなく対話を試みたのです。直接交渉をするため不自由な身体を押して何度も東京本社まで出かけ、交渉の席で会社の社長や幹部に相対し、忍耐強く誠実に向き合おうとしました。「あなたも私たちと同じ人間でしょう。人間であれば、私たちが受けたこの苦しみ、痛みに共感できるはずでしょう?」と。

何十年以上ものあいだ沈黙を強いられてきた人々が、怒りに任せて暴力を振るうのではなく、聞き分けのないわが子を諭す親のように、自らの受難の物語をとつとつと語り聞かせるのでした。患者さんたちは加害者と被害者の相対立する関係を越えて人間を信じました。苦難の中で、患者さんのほうから、相手と通じ合える言葉を紡ぎながら語り続けました。これは、打ち捨てられた悲惨きわまる歴史の深みから発せられた痛みと苦悩の言葉、魂の祈りではなかったでしょうか。

公害被害者たちは、チッソや行政が公害の加害者であり、自分たちは被害者であると考えていました。しかし原因企業との対話を経たあとで気づくのです。チッソが毒を流し続けた行為を批判していたその地点から一歩退いて、客観的に自分自身を省みたときに、本当にそうなのか、と。

たとえば、当然のように台所に生活雑排水や廃食油を捨て、合成洗剤を使ってきた自分たちの日常生活はどうだったのか、海や川に棲息する微生物や魚介類たちから見れば、自分たちもチッソと同じ加害者ではなかったのか。会社との対話を通して自らの足元やあり方を省み、二項対立の図式という視座からの転換を迫られたとき、会社と自分は本質的に何も変わらないのではないか、ということに患者さんたちは気づきます。このように、対話には、自分の考えを深め、古い価値観や生き方を新たにする力があるのです。

水俣の人々は、公害発生後も海の魚を天の恵みとして食べ続け、胎児性患者が生まれた後もこれまでどおり子どもを産み続けました。水俣では、思いがけず与えられたことを「のさった(授かった)」といいます。杉本栄子さんは、自分が水俣病になったことを「のさり」、つまり、水俣病は天から授かった病だと言うのです。水俣病をのさった彼女の中に、自分たちが味わった苦しみを相手に負わせたくない心根の優しさ、その根底に生命への畏敬の念、生命は授かりものであり、与えられた尊いもの、だから絶対に傷つけ、殺してはならないという熱い信念があったのです(水俣病事件については多くの著書がありますが、拙稿「苦界に座す神」〔伊藤之雄他『低きに立つ神』所収〕もご参照ください）。

3 報復ではなく「赦し合い」の関係へ

⑴ 分断・対立の問題に第三者はいない

二十一世紀も早二十年が経ちますが、人間は歴史を顧みることなく戦争や紛争を続けています。敵意と憎しみ、爆撃による犠牲者はあとを絶たないどころか、無差別殺戮《さつりく》が今なお続いています。そして、飽くなき欲望《むさぼり》を追求することによって神の造られた美しい空や大地、海が人間の手によって破壊されています。

しかし思うのです。こうした分断・対立の問題に第三者はいないのだということ、そして、加害・被害などのベクトルは違っていても、一人ひとりが当事者なのだということを。

九州の食品公害・カネミ油症患者の紙野柳蔵さん（日本福音ルーテル教会員）が、犬養光博牧師（当時、筑豊《ちくほう》の福吉伝道所牧師）の心を突き動かした言葉、「無関心は、公害殺人企業の加担者である」を想い起こします。

戦争、環境破壊、差別をするのが人間であるならば、これらをストップさせることができるのも私たち人間です。そのためにも、自らの枠組みを超えて出会い、対話を試みること、お互いを人として認め合い、大きな視野で共に課題を担う関係性が必要になってきます。

二〇一九年三月十五日、ニュージーランドのイスラム教モスクに対するテロリストの襲撃事件が起こりました。その直後、アーダーン首相は自らイスラム教徒の装束を身にまとい、テロ行為への非難と同時に、イスラム教徒の犠牲者たちへの追悼の言葉を述べました。

"They are us."（「彼ら（殺されたムスリムたち）は私たち（ニュージーランド国民）だ」）と述べ、共感と思いやり、愛をもって向き合うこと、銃の規制と被害者への支援を表明しました。翌日にはヒジャブ（スカーフ）

をかぶり、ムスリムの人たちの話に耳を傾けました。ヘイトがヘイトを生む報復の負の連鎖の渦に多くの人が巻き込まれないために、首相は、テロを起こした容疑者の名前を伏せ、ムスリムの人たちからヘイト心が生まれるのを食い止めようとしたのです。コロナ禍の危機でも、首相は冷静さを保ち、国民の不安に共感し、断固とした決断を表明しています。

在日大韓基督教会横須賀教会の金迅野《キム・シンヤ》牧師は、多くの在日コリアンが居住する川崎市でヘイトデモに遭遇した自身の経験から、「ヘイト」の感情をあらわにする人には「自身に物語がない」という現実があり、物語を聴いてくれる人や他者との出会いが欠けているのではないか、と指摘しておられます。さらに金先生は、現代社会における「ことばの貧困」「物語の貧困」は、ヘイトスピーチをする側だけでなく、罵りの言葉で応酬するカウンター側にも当てはまると言われるのです。

けれども、罵倒を繰り返したその人自身も、在日コリアンの方々とのあたたかい出会いによって自分の言葉を回復し、「子どもたちを守れ」「差別をやめろ」と語り始めたとの事例を紹介くださいました。言葉と出会いによって人間は豊かに変えられ、差別偏見の呪縛から解放される。このことは真実であり、私たちにとって大きな希望です。自ら考え、判断し、行動するためにも、今一度立ち止まって、自らの枠組みを超えて出会い、対話を試みることが大切であり、和解はそのような一歩から生まれるのではないでしょうか。

(2) 赦し合って生きる関係へ

神と人間との関係、人と人との関係、本来あったはずの調和の取れた愛と真実の関係、それは、水俣の方言で言えば「じゃなかしゃば（今のようにギスギスした状態とは異なるもう一つ別のオールタナティヴな世）」であり、「もやい」ですが、ここに私たち人間存在の基盤があるのではないでしょうか。私たちは、「報復の連鎖」ではなく、神が求めておられる「赦し合いの関係」を選び取って生きていきたいと願います。

すべての人は、和解の祝福の生に招かれています。その事実を信じ、出会いや「もやい」をお互いが大切にできれば、その新しい世こそが「じゃなかしゃば」であり、聖書が告げている「神の国」のひな型だと思うのです。私たちはいま、いったん立ち止まって、人類の様々な経験や知恵を集め、それを遺産の泉から汲《く》み上げる努力を続けたいのです。私たちは、近づきつつある「もう一つ別の世界」「神の国」に共に招かれている仲間なのだから、必ず実現できるはずです。

参考文献

伊藤之雄他『低きに立つ神』コイノニア社、二〇〇九年。

藻谷浩介『世界まちかど地政学ＮＥＸＴ』文藝春秋、二〇一九年。

英連邦戦没捕虜追悼礼拝実行委員会編『平和と和解への道のり』キンコー、二〇一五年。

重田康博「危機の時代の協力・連携・対応力を考える」、『世界』六月号所収、岩波書店、二〇二〇年。

アルンダティ・ロイ『帝国を壊すために――戦争と正義をめぐるエッセイ』岩波書店、二〇一一年。

二　英連邦戦没捕虜追悼礼拝が目指す和解の取り組み

(1) 永瀬隆さんの贖罪《しょくざい》の旅

かつて水俣で、廃食油のリサイクルせっけん運動に関わっていたころ、開発されたばかりのせっけんミニプラントを国内のみならずアジアにも広める運動がありました。職員とともに初めてタイのスラムに二週間ほど滞在した私は、たまたま立ち寄ったバンコク市内の書店で、『クワイ河捕虜墓地捜索行』という本に出合いました。読んでいくうちに、この目で確かめたいと思い、さっそく翌日にバスを乗り継いで、現地のカンチャナブリーを訪ねました。

著者の永瀬隆さん（一九一八〜二〇一〇年）は、戦時中に陸軍通訳を志願し、タイとビルマを結ぶ「泰緬《たいめん》鉄道」建設要員として、タイ国カンチャナブリー憲兵分隊に勤務します。そこで彼は、日本軍による連合軍捕虜虐殺や拷問を目撃したのです。

戦後、連合軍通訳として泰緬鉄道建設工事の犠牲となった連合軍捕虜の墓地捜索に従事した永瀬さんは、「いつか必ずここに帰って来て、犠牲者の冥福を祈らなければならない」と決意します。以来、亡くなるまでタイを訪問すること一三五回。戦争の謝罪と罪責の赦し、和解と戦後補償のために九十二年の生涯を献げたのです。

（元日本陸軍通訳永瀬隆さんと元英軍捕虜エリック・ロマックスさんが重く暗い過去を克服し、赦しと和解に至る友情物語『Prisoners in Time』は、一九九五年八月十五日英国放送協会〔ＢＢＣ〕の戦後五十年記念特別番組として英連邦諸国で放映され、多くの視聴者に深い感動を与えました。同じく戦後五十年には、ロマックスさんの『The Railway Man』〔邦訳『癒される時を求めて』角川書店〕が出版と同時にベストセラーとなり、永瀬さんとの和解の物語は全世界にさらに広く知られることになりました。これはハリウッド映画にもなっています〔『レイルウェイ――運命の旅路――』二〇一三年。永瀬隆役＝真田広之、パトリシア・ロマックス役＝ニコール・キッドマン〕。そして、この年から永瀬さんたちの呼びかけで「英連邦戦没捕虜追悼礼拝」が横浜市保土ヶ谷で始まったのです。二〇一九年で二十五回目を数えました。）

八六年には私財を投じて、泰緬鉄道による犠牲者の霊を慰めるため「クワイ河平和寺院」を、八七年には「クワイ河平和基金」を設置します。看護大学に学ぶ貧しい家庭出身の学生たちをはじめ、小中高の生徒二〇〇〇人以上に奨学金を贈っています。

(2) 戦争犠牲者の側に立つ勇気

永瀬隆さんがこれほどまでに謝罪と和解にこだわる理由は、若いころに青山学院で学んだ〈罪の意識〉が大きいといいます。罪の意識を心に刻みつけた永瀬さんは、「そのような過去はなかった」とする歴史修正主義などの圧力に対して、「歴史の真実を隠さない闘い」を貫かれました。永瀬さんの後半生は、まさに「贖罪の旅」そのものでした。

永瀬さん、齋藤和明さん、雨宮剛さん三名の呼びかけで、戦後五十年を覚えて九五年から始まった英連邦戦没捕虜追悼礼拝は、毎年八月第一土曜日に保土ヶ谷の墓地で開催されています。その原点は、戦時中に日本で生命を奪われた英連邦および旧連合国捕虜の兵士たちとそのご遺族に、日本の戦争責任を心から謝罪し、和解と平和を築く土台にしたいという願いと祈りにあります。第一回から参加している方々の中には、関田寛雄さんがおられます。

過去の戦争について、日本が被害者であったという面と同時に、加害者であった面も覚えておく必要があります。過去を見つめることは苦しいことです。しかし無知は人類最大の敵です。過去の真実と向き合い、犠牲者の立場に立って戦争のもつ加害者・被害者の二面性を公平に直視する複眼的視座と想像力、勇気を私たちは養うものでありたいのです。そのとき初めて日本は国際社会から信頼され、愛される国となるでしょう。和解のために必要なことは、まず、お互いの歴史や文化をよく知ること、そして一方的にではなく、双方に歩み寄る努力をすることだと信じます。

二〇一四年十二月、当時の首相が靖国《やすくに》神社に参拝し、二〇一五年七月には集団的自衛（他衛・侵略）権の行使容認が閣議決定されました。残念ながら現在の日本は「戦争をする国」に変わりつつあります。敗戦から七十五年以上を迎える今、日本軍捕虜への追悼を続けているオーストラリア国カウラ市民*への答礼として英連邦戦没捕虜追悼礼拝が開始されたことをあらためて心に刻みたいと思います。そして、この追悼礼拝が、永瀬さんの贖罪の旅を継承する平和運動の一つとして、平和を希求する人々との国境を越えた連帯につながればと強く願ってやみません。

＊カウラ事件＝ニューギニア戦線などで捕虜になった日本兵一一〇四人のうち約九〇〇人が、一九四四年八月五日未明、突撃ラッパを吹き、料理用のナイフ、フォークやクギを打った野球バットで武装して一斉に脱走した。二三一人が射殺され、一〇五人が負傷した。オーストラリア兵も四人死亡、四人負傷。九日後に全逃亡兵が発見され、再収容された。この事件のあったカウラ市では、戦後数十年も放置された日本兵の埋葬地を見るに忍びず、帰還兵を中心に、新たに日本兵の立派な墓地を、オーストラリア兵戦死者墓地の隣接地に設け、日本公園を別に設置し、その間の道路に桜並木を通じさせている。「桜の花の咲くころ、この並木を日本兵の戦死者に歩いて庭園を見てもらいたい」というカウラ市民の思いである。そして、カウラ市民一万は一丸となって毎年日本兵のために慰霊祭を行っている。毎年保土ヶ谷で英連邦戦没捕虜追悼礼拝が行われるのは、このことに対する国際的答礼の意味も含まれている。なお、ニュージーランドのフェザーストーンでも同じような事件が起こっている。

(3) 墓碑に刻まれた戦没兵士たちの声

保土ヶ谷の英連邦戦没捕虜墓地に納められている一八〇〇余のそれぞれの墓碑には、祖国に帰ることができず、無念のうちに落命した十代、二十代の若い兵士たちの遺族の祈りが刻まれています。いずれも涙なしには読むことができない痛切なメッセージばかりです。

彼らはなぜ異国の地で死ななければならなかったのか。彼らの犠牲がなければ戦後の平和は訪れなかったのか。無念と非業のうちに死なざるをえなかった者たちを称《たた》えてはならないのです。なぜなら、称えたその瞬間に、死者を生み出した者の責任と記憶が曖昧にされるからです（内田雅敏『想像力と複眼的思考』）。犠牲者の死を他人（国）が勝手に意味づけたり、政治に利用したりすることへの戒めとして受けとめたいと思います。

第二次世界大戦に限らず、現在に多かれ少なかれ影響を及ぼしている過去の悲劇は、そこから学び、新たな悲劇を防ごうとするすべての人々に記憶されることを求めています。この記憶の責任は、国境を越え、民族の壁をも越えるものです。

(4) 記憶の責任

ドイツの神学者ドロテー・ゼレは、記憶と痛みこそがキリスト教の和解の中心にあると述べています。すべての記憶の目的は和解にあり、過去を想起しない者は和解ではなく、忘却することを選び取る。かつての戦争を忘れる者は、明日の戦争の準備をしている、とまで語ります。罪を認識する際に、自分だけでなく、犠牲者への視点を忘れてはならない、ということでしょうか。自分が受けた痛みだけではなく、他者の痛みをも心に刻みつける、そのような記憶こそが和解の祝福に生きるうえで重要なのです。

現実に目を向けることで、記憶を確かめ、心の底に隠れている事実を取り出すこと。そして、他者の証言と突き合わせ、生命の歴史へと織り上げていく努力を続けることが大切ではないでしょうか。

人々が消し去ろうとしても消すことのできない絶対的なもの。それは、平和の神が今ここに生きる私たちに語りかける聖書の言葉です。被害にあわれた方々の呻《うめ》きや叫び、証言にしっかりと耳を傾け、語り継ぐこと。そのような記憶の責任をそれぞれが世代を超えて「今ここで」担い続けることができればと願います。

英連邦戦没捕虜追悼礼拝は、これからも永瀬さんの志を継承し、世代を超えて取り組むべき和解の務めに仕え続けます。

参考文献

永瀬隆著訳『クワイ河捕虜墓地捜索行――もうひとつの「戦場にかける橋」』社会思想社、一九八八年。
ドロテー・ゼレ『神を考える――現代神学入門』新教出版社、一九九六年。

アーネスト・ゴードン著、斉藤和明訳『クワイ河収容所』筑摩書房、一九九五年。

英連邦戦没捕虜追悼礼拝実行委員会編『平和と和解への道のり――二十年の歩み』キンコー、二〇一五年。

内田雅敏『想像力と複眼的思考』星雲社、二〇一四年。

三　沖縄でエキュメニカルな研修を行う意味

1　沖縄の歴史と今

(1) 自然豊かな沖縄

沖縄は、東シナ海に浮かぶ一五〇以上の島からなります。沖縄本島北部に自然豊かな森「やんばる」があります。亜熱帯性の常緑広葉樹が生育するこの森には、本島の生活用水の六〇%を供給するほどの豊富な水資源があります。またここにだけ棲息《せいそく》するヤンバルクイナ、ノグチゲラなどの天然記念物や絶滅危惧種など希少な生き物が賑《にぎ》やかに暮らしています。しかし、この森に県内最大の米軍基地、北部訓練場があるのです。

また、オクマビーチ（国頭村《くにがみそん》）ではテーブルサンゴが棲息し、南部のコマカ島（南城市）に渡れば、水中メガネだけで竜宮城のような海を楽しむことができました。生物多様性が豊かで、周囲に生命を供給する役割を担う場所を「ホットスポット」といいます。サンゴ礁の海はまさにホットスポットであり、沖縄本島沿岸でいえば、それは大浦湾・辺野古なのです。山からの栄養分を運んでくる清流があり、河口にマングローブの汽水域を持ち、貝類が豊富で、浅瀬のサンゴから深場のサンゴまで美しいグラデーションを見ることができます。しかし、この大浦湾・辺野古で新基地建設のための大規模な埋め立て工事が進められています。

(2) 今なお続く植民地支配

一九四五年に日本が敗戦して以降、沖縄は国内植民地となっています。日本国憲法よりも法的に優越するのが日米地位協定だといわれますが、この協定によって、公務中と判断された米兵・米軍属が犯罪を犯した際の第一次裁判権は今も米国にあります。沖縄は、「日本の一部」とされながら、沖縄の土地に他国の権限が優先する場所が存在する、沖縄の人々が人として生きる権利をないがしろにされた軍事植民地なのです。

もともと沖縄は、琉球國《りゅうきゅうこく》（王国）という一国家でした。十七世紀初頭に薩摩藩《さつまはん》が琉球に侵攻します。一八七二年に明治政府は琉球藩を設置し、その後、琉球藩を廃止し沖縄県とします（琉球処分）。廃藩置県ではなく廃国置県ともいわれます。以下で見るように、今なお沖縄に対する差別・抑圧は続いています。

まずは、GHQのダグラス・マッカーサー元帥の発言を見ましょう。

「沖縄諸島は、われわれの天然の国境である。米国が沖縄を保有することにつき日本人に反対があるとは思えない。なぜなら、沖縄人は日本人ではなく、また日本人は戦争を放棄したからである。沖縄に米国の空軍を置くことは、日本にとって重大な意義があり、明らかに日本の安全に対する保障となろう」（一九四七年六月）。

これに対する日本側の応答の言葉は有名です。

「沖縄に対する米国の軍事占領は、日本に主権を残したままでの長期租借の擬制に基づくべきである」（一九四七年九月、昭和天皇）。

これらの発言によって、沖縄の人々は「日本国民」の範疇《はんちゅう》から除外されます。

2 「戦後」なき沖縄

(1) 「沖縄戦」と基地

多くの住民を巻き添えにした、国内唯一の地上戦「沖縄戦*」の後、沖縄の女性たちにとって「新たな戦争」が始まったといわれます。アメリカの軍事占領下の過酷さの中で必死に生きざるをえない状況が続いたのです。米兵による住居侵入、拉致、強姦《ごうかん》、殺人などの事件が毎日のようにあり、米兵を性感染症から守るために設置された「歓楽街」や公認施設で業者と軍隊の両者によって性的搾取される状況は七二年の返還まで続きます。その後も米兵や米軍属による性暴力事件はあとを絶ちません。

*「沖縄戦」では、女子学生たちが看護活動のために動員され、その多くが尊い生命を奪われた。ひめゆり部隊(学徒隊)はその一つ。彼女たちは、第二次大戦末期の一九四五年(昭和二十年)、米軍との沖縄戦で従軍看護要員として動員された沖縄師範女子部と沖縄県立第一高等女学校の生徒・職員だった。両校の校章が白ゆりで、第一高等女学校の校友雑誌が「おとひめ」であったことから戦後に「ひめゆり部隊」と名づけられた。

このように、沖縄では現在も戦争と占領が続いています。軍隊による暴力は、女性や子どもなど最も弱い立場に置かれている存在に常に向けられてきました。「沖縄戦」の教訓の一つは、「軍隊は住民を守らない」という事実です。軍隊が暴力そのものであることは、米軍内部で性暴力被害の告発が起きている事実からもわかります。ですから、暴力装置である基地の問題は、まさに日本社会に生きるすべての者が関心を寄せるべき生命の問題なのです。

米軍は、戦後、沖縄に基地を保有することで緊急事態への迅速な対応が可能となり、ロシア、中国、極東アジアの共産勢力に対し、いつでも沖縄基地から出撃ができるようになりました。米政府が北朝鮮や中国を「核の脅威」として警戒するかぎり、米軍基地が沖縄から別の場所に移設されることは困難なのかもしれません。

「沖縄の解放を抜きにして東アジアの真の解放はない。沖縄が自由となって初めて東アジアや日本の自由へとつながる」との饒平名《よへな》長秀《ちょうしゅう》牧師（沖縄宣教研究所所長）の言葉は、沖縄をはじめ東アジアの真の平和と和解を考えるうえで重要な視座でありましょう。この国の「戦争を許さない闘い」の最前線が沖縄なのです。

玉城デニー沖縄県知事の平和宣言（要旨・抜粋）をご紹介します。

「戦争終結七十五年の節目を迎えようとする今日、私たちは、忌まわしい戦争の記憶を風化させない、同じ過ちを繰り返さない、繰り返させないため、沖縄戦で得た教訓を次世代に伝え、平和を希求する『沖縄のこころ・チムグクル』を世界に発信することを呼びかけます。

戦後七十五年を経た現在も、国土面積の約〇・六％に米軍専用施設の約七〇・三％が集中し、米軍人・軍属などによる事件・事故などの問題は県民生活に多大な影響を及ぼし続けています。

名護市で進められている新基地建設の場所である辺野古の海は、絶滅危惧種二六二種を含む五三〇〇種以上の生物が棲息しているホープスポット（日本初の「希望の海」）です。ヤンバルの森も生物多様性の宝庫であり、私たちのかけがえのない財産です。

〔以下は、ウチナーグチ・英語で〕

これまでの戦争による犠牲になった人々の魂が安らぎあらんことを祈り、これからの人類の未来には平和と喜びあらんことを祈り続けます。……」（二〇二〇年六月二十三日、沖縄県糸満市、「慰霊の日」追悼式）

⑵ 平和と共生のコミュニティ

一九八九年の冷戦終結宣言から三十年以上が経ちますが、今こそ国家の壁を越えて互いに尊重し合うコミュニティを形づくること、そして協力関係を築き上げることが大切ではないでしょうか。東アジア、特に沖縄で今なお苦悩の中にある人々の声に耳を傾け、つながり続けることによって、「いま」「本土に」生きる「私」の視座が豊かに変えられる経験をしてきました。それによって協働と対話のパートナーシップ、そして沖縄を含む東アジアにおける平和的なコミュニティの形成に向かって歩み続ける力を得ているのです。

聖書では、イエス・キリストの十字架において神の和解の現実がこの世の現実の中に入ってきた、と伝えています（Ⅱコリント五・一七以下を参照）。教会は、イエス・キリストのからだをあらわす共同体ですから、すでに和解されたキリストの現実を信じて行動する共同体でもあるといえるでしょう。この喜ばしい生命のメッセージ（キリスト教では「福音」といいます）が明らかにされることで、すでに和解されたキリストの現実の社会を目覚まして、しっかりとらえるとき、私たちもこの平和の実現に参与することができると確信します。

3　和解と平和を求める共同研修——「悔い改め」とは、痛みを分かち合うこと

富坂キリスト教センターの歴史を少し紹介させてください。

一八八四年にドイツとスイスのキリスト者が国境を越えてワイマールに集まり、東アジアの宣教のために中国、朝鮮、日本に宣教師を派遣しました。富坂キリスト教センターは、東アジアの和解と平和を目指すというドイツ・スイス両国の教会のミッションを継承しつつ、国際的な関係や諸課題を担う使命をもっています。設立当初から社会倫理と霊性を柱とした研究・研修会を継続し、歴史認識の共有とエキュメニカルな（教派を超えた）対話、国際文化交流を深めるなかで真の信頼と協働の関係は築かれ、このことが世界の平和につながるとの確信に立っています。

しかしこうしたなかで、それまで富坂キリスト教センターにおいて、沖縄の歴史と現状についての研究がされていたわけではありませんでした。

二〇一〇年の富坂全国研修会をきっかけに、沖縄での牧師研修の必要性が話し合われ、準備することになりま

した。その際、沖縄宣教研究所の先生方を紹介いただいたのですが、話し合いの中でまず問われたことは、センターはこれまで沖縄への視点が弱かったのではないかということでした。

「この四十年間、ヤマトの教会の牧師や信徒を受け入れ、研修をしてきたが、自分たちは消耗材にすぎなかった。」

「沖縄の解放を抜きに、日本やアジアの解放はない。」

「沖縄を知らない日本人は自分自身のことをわかっていない。どれだけ沖縄に依存しているかもわかっていない。沖縄の問題ではなく、日本の問題だ。」

私自身、頭を思い切り殴られたような衝撃を受けました。

そこから幾度となく対話を重ねて、富坂キリスト教センターと沖縄宣教研究所の共同研修会が二〇一三年から沖縄の地で始まりました。

沖縄宣教研究所の始まりは、二〇〇〇年に発足した沖縄宣教協議会にさかのぼります。教派の枠を超えた沖縄宣教研究所の取り組みは、米軍基地の集中によって、過酷な苦難を強いられている沖縄の諸教会に誠実に仕えようとするものです。

沖縄宣教研究所と富坂キリスト教センターの共同研修は三つのテーマを掲げてきました。それは、①聖書、②沖縄の歴史・文化・基地・平和、③宣教・教会形成・神の国、です。私たちの願いは「聖書に記された、神と神の民の歩みを想起しながら、日本における植民地状態にある沖縄の歴史と文化を共に学び、沖縄における基地の現実を見据え、平和への思いを分かち合い」、「今、私たちに語りかけられている神の言葉、私たちが取り次ぐべき神の言葉を聴きたい」、そして、「私たちが世界に対して、どのように仕えるのか（宣教）を共に探りながら、神の国の徴《しるし》となる教会を形成する勇気と希望を共に養っていきたい」というものです。

しかしながら、この取り組みは容易なものではありませんでした。困難さの要因には私たち自身の問題、つまり自分たちの視座の欠如、そしてその根底に沖縄への差別意識があることに気づかされました。

「時は満ち、神の国は近づいた。悔い改めて福音を信じなさい」（マルコ一・一五）。

このイエスの呼びかけにおいて神は人間に近づかれ、その結果、神との出会いと神への立ち帰りが可能とされました。主イエス・キリストは今も苦しみ痛む人々のかたわらに立ち、その呻き声を直接聴いておられます。イエス様がここで私たちに求めておられる「悔い改め」（メタノイア）とはいったい何を意味するのでしょうか。

七十人訳聖書（旧約聖書をヘブライ語からギリシャ語に翻訳）によると、メタノイアは「痛みを共感する」という意味を含んでいます。視座を移す先は、苦しみの中であえぎ、この世の低いところに置き去りにされている人々です。そこに自分も立たせてもらって、苦難にある人々の視座を借りながら自分自身や社会を見つめ直してみるところにあるのかもしれません。身体の一部の痛みは全身の痛みであるはずです。他者の痛みを同じように経験することは難しいでしょう。しかし、「痛みに共感する」ことはだれにでも開かれているはずです。

富坂キリスト教センターは、沖縄での共同研修会を通して、過去の歴史と実際的な教会の働きを学ばせてもらってきました。今後も沖縄と日本、東アジアの解放と救いを目指した共同研修や共同研究を継続し、自分たちの足元の課題に真摯に取り組みたいと願っています。すべての行動は、今だけでなく未来につながることを信じて。

参考文献

三上智恵『戦場《いくさば》ぬ止《とぅどぅ》み　辺野古・高江からの祈り』大月書店、二〇一五年。

伊佐真次・森住卓『やんばるからの伝言』新日本出版社、二〇一五年。

中野敏男・波平恒男他編『沖縄の占領と日本の復興——植民地はいかに継続したか』青弓社、二〇〇六年。

高里鈴代『沖縄の女たち——女性の人権と基地・軍隊』明石書店、一九九六年。

林博史『米軍基地の歴史——世界ネットワークの形成と展開』吉川弘文館、二〇一二年。

富坂キリスト教センター編『沖縄にみる性暴力と軍事主義』御茶の水書房、二〇一六年。

岡田　仁

第3章　聖書の中のコミュニケーション

本章は、聖書に登場する人物を通して、人間関係とコミュニケーションについて考えていきます。師であるイエス様は、弟子たちや出会った人々とどのように関わったのか、聖書の中で神はどのようなメッセージを伝えておられるのかをたどります。

この章は四つのパートから構成されています。最初に他者との関係について、次に自分自身との関わりについて聖書に尋ねます。第三に教会共同体やコミュニティの中のコミュニケーションについて、最後は世界と私たちとの関わりについて探求を広げます。

1　「わたし」と「あなた」の関わり

私たちがコミュニケーションについて悩むとき、それは多くの場合、「わたし」ではないだれかとの関わりにおいてではないでしょうか。人間関係とコミュニケーションの最小単位である「わたし」と「あなた」の関わりについて、聖書ではどのように語られているのでしょうか。み言葉に聴いてみたいと思います。

「あなた」の中で起きていること――マリアとマルタの物語〈他者のいのちの願いに気づくこと〉

「主よ、わたしの姉妹はわたしだけにもてなしをさせていますが、何ともお思いになりませんか。手伝ってくれるようにおっしゃってください。」主はお答えになった。「マルタ、マルタ、あなたは多くのことに思い悩み、心を乱している。しかし、必要なことはただ一つだけである。マリアは良い方を選んだ。それを取り上げてはならない」（ルカ一〇・四〇～四二）。

マルタは忙しく立ち働き、マリアが主の足もとに座っていることに腹を立てていました。そんな彼女に向かって、イエス様は二つのことを静かにお話しになりました。

一つは、マルタが今どのような心の状態にあるか。そして、あなたに今必要なことは何かと問いかけるかのように、「必要なことはただ一つだけである」と語りかけておられます。イエス様のメッセージは、マルタに「あなたが本当に渇望していることは何なのか」と自らのいのちの中で起きていることに気づくように促すものです。マルタの怒りは、いったいどこから来ているのでしょうか。そのことは、マルタ自身も気がついていないのかもしれません。

もう一つイエス様が語られたことは、マリアにはマリアの必要とすることがあり、彼女はそれを選んだということです。イエス様は、「マリアの中にも、マルタとは別のいのちの願いと動きがあること」を示唆しているように思えます。

もてなしのため様々なことに心を砕くマルタの目からは、マリアはもてなしを怠っている困った人として見えています。「マルタだけにもてなしをさせている」というのは、あくまでもマルタの解釈でしかありません。マリアの意図は他のところにあるのかもしれないのです。

マルタが自分の解釈に基づいてマリアを見ているかぎり、マルタとマリアの間に心通うコミュニケーションは始まらないでしょう。現にマルタはイエス様を通してマリアの行動を変えさせようとしているのですから。マルタが自分の解釈を手放し、マリアのいのちの中で起きていることに目を向けるとき、二人の本当の関わりが始まるのでしょう。

私たちが自分の解釈をいったん脇に置いて、相手の中で何が起きているのかに関心を向けてみることで、相手との新しい出会いが始まります。

「わたし」の知らない「あなた」——サマリアの女との対話

だれかとの関係において、相手についての解釈や決めつけをやめたとき、そこに、「わたし」の知らない「あなた」が現れます。自分が相手を知っている、相手はこんな人間だと考えないとしたら、そこにどんな出会いがあるでしょうか。

サマリアの女が水をくみに来た。イエスは、「水を飲ませてください」と言われた。弟子たちは食べ物を買うために町に行っていた。すると、サマリアの女は、「ユダヤ人のあなたがサマリアの女のわたしに、どうして水を飲ませてほしいと頼むのですか」と言った（ヨハネ四・七～九）。

シカルというサマリアの町のヤコブの井戸で、一人のサマリアの女がイエス様と出会います。当時、ユダヤ人とサマリア人とは犬猿の仲でした。ユダヤ人にとってサマリア人は、普段は付き合いのない未知の民であり、正統なユダヤ教から離れた者たちとみなしていました。そのサマリア人にイエス様は近づき、語りかけようとなさいました。

そしてそこから、イエス様はサマリアの女との長い対話を続けます。そして不幸続きの女の結婚生活に気づき、今なお夫ではない男と暮らしながら、癒えることのない心の渇きを見抜かれました。そして、彼女に向かって、決して渇くことのない生ける水＝神の愛について語るのでした。

未知であり、同じ人間性を分かち合う存在

弟子たちにとって、サマリアの女は自分たちとは相容れない存在であり、異教徒のレッテルを貼る存在でした。実際には、彼女の名前も境遇も知らない「未知の存在」であるにもかかわらず、ある意味、「敵」とみなしていたのです。

しかしイエス様には、サマリアの女は忌むべき〝異教の徒〟ではなく、一人の苦悩する人間であり、神が愛する一人の人間として見えていました。イエス様から見たこのサマリアの女は、まさにマルティン・ブーバーの言う「我と汝《なんじ》」の「汝」でした。

イエス様が示してくださった関わりの中では、他者は「我とそれ」の「それ」ではありません。「それ」とは交換可能な関わりの対象を意味しています。つまり、〝異教の徒〟であったり、〝罪びと〟といったレッテルを貼ったりした存在です。社会の中の〝役割・役職〟や〝機能〟といったものも「それ」と言えるでしょう。

一方、「我と汝」の「汝」とは、交換することのできない、かけがえのない存在である人間を意味しています。レッテル貼りや決めつけを離れ、相手が自分の知らない面をもった存在であると思うと、相手の違った姿――一人の人として、喜びも痛みも感じる「同じ人間性を分かち合う存在」の姿――が見えてくるのかもしれません。

神から見た「あなた」

未知なものであり、同じ人間性を分かち合うものとして相手を捉えたとしても、有限である私たちには、イエス様のように相手のすべてを理解できるものではありません。

不完全な人間の視点をあたかも完全であるかのように考え、他者を評価・判断することによって、「あなた」との関係は困難になります。「あなた」の存在を理解しようとするとき、神はどう見ておられるだろうかという視点で考えてみる必要があるのです。

私たちが目の前に見ているのは、神がご自身の似姿として創られ、息吹を吹き込んだ人間、「良し」（ヘブライ語で「トーヴ」）とされた人としての「あなた」です。神から見た「あなた」という視点をもったとき、私たちは自分の有限な考えを手放し、他者との関わり方も変わってくるでしょう。

「あなた」への共感――善いサマリア人の場合〈他者と共感をもって関わる〉

イエスはお答えになった。「ある人がエルサレムからエリコへ下って行く途中、追いはぎに襲われた。追いはぎはその人の服をはぎ取り、殴りつけ、半殺しにしたまま立ち去った。ある祭司がたまたまその道を下って来たが、その人を見ると、道の向こう側を通って行った。同じように、レビ人もその場所にやって来たが、その人を見ると、道の向こう側を通って行った。ところが、旅をしていたあるサマリア人は、そばに来ると、その人を見て憐《あわ》れに思い、近寄って傷に油とぶどう酒を注ぎ、包帯をして、自分のろばに乗せ、宿屋に連れて行って介抱した。そして、翌日になると、デナリオン銀貨二枚を取り出し、宿屋の主人に渡して言った。『この人を介抱してください。費用がもっとかかったら、帰りがけに払います。』さて、あなたはこの三人の中で、だれが追いはぎに襲われた人の隣人になったと思うか。」律法の専門家は言った。「その人を助けた人です。」そこで、イエスは言われた。「行って、あなたも同じようにしなさい」（ルカ一〇・三〇～三七）。

「わたしの隣人とはだれですか」という問いに答えてイエス様が語ったこのたとえ話は、他者と関わる、つながるということが、どういうことなのかを示してくれます。

エリコへ向かう途中の道に、怪我をして動けなくなり、虫の息になった人が倒れています。それを見た祭司もレビ人も、あたかもそこに人がいなかったかのように、道の向こう側を通って去って行きます。倒れていた人は、遠く離れて行く二人の姿をどんな気持ちで見ていたでしょう。もしかすると、死を覚悟し、絶望的な気持ちになっていたかもしれません。

しかし、ユダヤ人から関わりを避けられていたサマリア人は違いました。旅の途中であるにもかかわらず、見知らぬ傷だらけの瀕死《ひんし》の人に近寄り、応急手当をし、自分のろばで宿まで運び、介抱したのです。そして宿代まで払い、自分が立ち去った後のことまで気にかけていました。

このサマリア人と祭司やレビ人の違いは、サマリア人が倒れている人に関心を向け、観察し、自分と同じ人間として「憐れに思い」近づいたということです。それは、他者、すなわち「汝」へのまなざしでした。同じ人間性を分かち合うものとして、その人の痛みや絶望に共感し、助けの手を差し伸べたのです。このサマリア人が倒れている人の中に見ていたのは、いのちや温かな助けへの渇望、不安や恐怖から解放されて安全に守られたいという願い（ニーズ）でした。

一方、祭司やレビ人はどうとらえたでしょうか。祭司としての務めがあり、道を急いでいたのかもしれません。もしかすると、見知らぬ人間に対する恐れ、何か面倒なことに巻き込まれるのではないかという不安があったのかもしれません。そこには一人の人間である相手を気遣う心はありません。そこにあるのは、得体の知れない「それ」へのまなざしでした。

最後にイエス様はこう問われます。「あなたはこの三人の中で、だれが追いはぎに襲われた人の隣人になったと思うか」と。イエス様がたとえ話でお示しになったのは、「隣人とはだれか」ではなく、「隣人になる」、つまり「他者と共感をもって関わる」ことでした。

つながりの変容と成長——正直さと無防備さ

「わたし」と「あなた」のつながりは、時間の経過とともに変化していきます。この世界では、つながりは希薄になったり険悪になったりすることもあれば、逆に深くなったり成長したりすることもあります。では、人と人とのつながりは、どのように変容し、成長していくのでしょうか。ここでは、聖書の中のイエス様と弟子たちの関係を通して考えてみます。

食事が終わると、イエスはシモン・ペトロに、「ヨハネの子シモン、この人たち以上にわたしを愛しているか」と言われた。ペトロが、「はい、主よ、わたしがあなたを愛していることは、あなたがご存じです」と言うと、イエスは、「わたしの小羊を飼いなさい」と言われた。二度目にイエスは言われた。「ヨハネの子シモン、わたしを愛しているか。」ペトロが、「はい、主よ、わたしがあなたを愛していることは、あなたがご存じです」と言うと、イエスは、「わたしの羊の世話をしなさい」と言われた。三度目にイエスは言われた。「ヨハネの子シモン、わたしを愛しているか。」ペトロは、イエスが三度目も、「わたしを愛しているか」と言われたので、悲しくなった。そして言った。「主よ、あなたは何もかもご存じです。わたしがあなたを愛していることを、あなたはよく知っておられます。」イエスは言われた。「わたしの羊を飼いなさい。はっきり言っておく。あなたは、若いときは、自分で帯を締めて、行きたいところへ行っていた。しかし、年をとると、両手を伸ばして、他の人に帯を締められ、行きたくないところへ連れて行かれる。」ペトロがどのような死に方で、神の栄光を現すようになるかを示そうとして、イエスはこう言われたのである。このように話してから、ペトロに、「わたしに従いなさい」と言われた（ヨハネ二一・一五〜一九）。

福音書の物語は、イエス様の誕生から死と復活の物語を通して、神の救いを証言するものですが、同時に、イエス様と弟子たちのつながりを描いた和解の物語でもあります。弟子たちの中でもペトロは、福音書の中でその人間味あふれる姿が多く描かれており、イエス様との関わりのエピソードが多く記されています。

この聖書の箇所は、復活のイエス様が三度目に弟子たちに現れ、共に食事をした後、ペトロに語りかける場面です。

イエスは三度、ペトロに確認しておられます。「わたしを愛しているか」と。三度目に同じ問いを突きつけられたとき、ペトロは悲しくなります。ペトロの脳裏には、イエス様と出会ってからの様々なことが思い巡らされたに違いありません。ガリラヤ湖畔でイエス様に声をかけられ、すべてをなげうって従ったこと。イエス様とともに行動し、イエス様から直接聴いた数々の神の言葉。ときには的外れな言動でイエス様に厳しく叱責されたこともありました。一方で、イエス様の前で信仰を表明したこともありました。ほかのだれかが裏切っても、自分は主を裏切らない、とさえ言っていたのです。

だからこそペトロには、受難の時に三度までもイエス様を知らないと言ったことが、強烈な痛みをもって思い出されたことでしょう。あの中庭で三度目に知らないと言ったとき、鶏の鳴き声を聞き、自分の弱さと傲慢さを思い知り、ペトロは泣いたのでした。その後、イエス様の死と復活を目撃し、復活のイエス様を前にして、ペトロは自分がイエス様の言葉を全く理解していなかったことを痛感します。そして今やペトロは知ったのです。主がどれほど自分たちを愛してくださっていたのか。どれほど自分たちの弱さを受けとめ、赦していてくださったのか。そして、主はそんな人間の救いのために、十字架に架けられたのだということを。

イエス様とペトロの「わたしを愛しているか」というやりとりの中では、二種類の愛が語られています。イエス様はペトロに「わたしを愛している（アガペー）か」と二度聞き、ペトロは「わたしがあなたを愛している（フィリア）ことは、あなたがご存じです」と答えました。イエス様は神の愛（アガペー）を問うているのですが、ペトロは兄弟の愛（フィリア）で答えているのです。ペトロは、かつてのようなおごりを捨て、自分が弱く、イエス様のような深い愛で愛しているとはとうてい言えない存在であることを認めています。イエス様がそのような自分さえも愛してくださっていることを知っています。

そして、三度目の問いで、イエス様は「わたしを愛している（フィリア）か」とペトロの言葉で聞きます。イエス様は、ペトロの正直な弱さを受け入れ、そのままのペトロの愛を受けとめられたのです。

ペトロは打ち砕かれて自らの弱さを認め、変わることによって、イエス様ご自身とその愛を深く知りました。イエス様は、ペトロの正直さからの言葉を受けて、イエス様ご自身がペトロのところまで近づいてくださいました。これこそ、イエス様とペトロの間のつながりの変容でした。

イエス様とペトロのつながりが変容したように、「わたし」と「あなた」の関係が変容し成長するのは、「わたし」自身が変わることから始まります。正直で無防備な、まるごとの人と人との対話を通して、お互いに変えられていくのです。

2　かけがえのない「わたし」

私たちがだれかとの人間関係とコミュニケーションに目を向けるとき、しばしば避けられないのは、「わたし」という存在と向き合うことではないでしょうか。人間関係の中で私たちは、ときに自分を見失ったり、自分に失望したりします。

神は私たちを創り、「良し」（トーヴ）と祝福されました。私たちは、このかけがえのない「わたし」をどれだけ理解しているでしょうか。そして、この「わたし」とどのように関わっていけばよいのでしょうか。聖書のみ言葉から、「わたし」とはどんな存在なのか、「わたし」の中にどんな関係を築いていけばよいのかを聴いてみたいと思います。

まるごとの「わたし」

イエスは言われた。『心を尽くし、精神を尽くし、思いを尽くして、あなたの神である主を愛しなさい』（マタイ二二・三七）。

まるごとの「わたし」で神と出会う

イエス様は、神と「わたし」との関係において、何が重要であるかをマタイによる福音書二二章三七節で語ります。「心と精神と思いを尽くして神である主を愛する」とはどういうことでしょう。原語では、「心」、「精神」、「思い」はそれぞれ次のような意味の言葉で表現されています。

「心」カルディア――人格生命の全エネルギーの座。そこで神との出会いを感じる。「心臓」と関係がある言葉。(同じカルディアという言葉は、Iペトロ三・四では「内面的な人柄」と訳されており、人間の認識・感情・意志・行為の主体、すなわち「自我」という意味で使われている。)

「精神」プシュケー――自然的・地上的・肉体的〈生〉。プシュケーを通して人間は神と結ばれている。全人格、生命力を含め、自分の〈いのち〉を保つなど、様々な意味がある。「呼吸」と関係がある言葉。

「思い」ディアノイア――思い、理解、知力、意向など、意思の面を代表。

キリスト教では、罪によっていのちの源である神と人間との関係やコミュニケーションが破壊され、その回復のために神の子イエス・キリストの十字架に至るまでの道のりが必要とされました。「的外れ」という意味をもつ「罪」は、全人格、生命力そのものにまで及びます。いのちの源との関係を壊し、孤独な状態、いわば人間疎外に導きます。

聖書では、心臓と心は同義語です。槍《やり》で貫かれたイエス様の心を通して神とのつながり(コミュニケーションによる関係)が再び人間に取り戻されたともいえます。神は人間をいのちの源との一致に導き、心と精神と思いが一致した全人への道を開きます。そして、このような人格的な関係、人間とのつながりの回復を求めておられるのです。

ですからイエス様は、感情や情緒(心理)、知性と理性、意思や生命を含む私たちのすべてにおいて神を愛しなさい、と言われるのです。言い換えれば、それらすべてをもって、まるごとの「わたし」で生きなさい、ということです。

様々な「わたし」と出会い、まるごとの自分で生きる

イエス・キリストは私たちに、全人的なつながりを回復し、新しく生きることを示されました。全人的な交わりや関わりこそがコミュニケーションであり、一人ひとりが真心と真心とのつながりをもつことが愛するということです。そうだとすれば、まず私たち自身が、自分の中の感情や情緒（心理）、知性と理性、意思や生命など、自分の中の様々な「わたし」と出会い、まるごとの自分を受け入れ、生きることに招かれているのです。

私たちの中には、喜びに心躍る自分、怒りを抱いている自分、悲しみを抱えている自分など、様々な自分が現れます。また、活き活きといのちのエネルギーに満ちた自分、疲れ果ててエネルギーが消えかかっている自分など、私たちの中には多様な自分がいます。「わたし」が多様な自分、まるごとの自分と出会えば出会うほど、他者との出会いも真実の出会いとなります。

「私を本当の名前で呼んでください」

ボート・ピープルと呼ばれたベトナム難民を支援する活動をしていたベトナム人の禅僧ティク・ナット・ハン氏は、その活動中に「私を本当の名前で呼んでください」という詩を書きました。詩の中で、「わたし」は、いのちを紡ぐ者であると同時にいのちを奪う者である、悲惨を生きる者でありながら悲惨をもたらす者である、純粋無垢《むく》な者でありつつ強欲非情な者でもある、と宣言しています。どちらか一面だけの単一の名前で呼ばれることを拒否し、自分の本当の名前は、多様な面をあわせもつ複合的な名前なのだ、と告白しています。

キリストが「敵を愛し、自分を迫害する者のために祈りなさい」（マタイ五・四四）と命じたのは、自分と敵を切り離すことによって、自分自身の中にいる敵を切り離してしまうことをご存じだったからでしょう。自分自身の弱さや恐れ、執着や頑固さは、しばしば自分が願う「こうありたい自分」であることを邪魔する「敵」のよう

に思えます。イエス様が招いておられるのは、自分が恐れ、忌み嫌う「敵」をも自分自身の一部として認めて慈しむこと、愛と癒《いや》しをことさらに必要としている部分として、祈りの中に差し出すことでしょう。
自分の中の多様な部分に気づき、それぞれの違いを祝福し、痛みに寄り添い、共感し合って自分の中に平和をつくり出すことができたとき、世界はすべてが愛でつながっている祝福に満ちた場所のように見えるのかもしれません。

私を本当の名前で呼んでください

明日には行ってしまうのかと　私に言わないで――
今日すでに　ここにやってきているのだから

深く見つめてほしい　一瞬ごとに私はここに着いている
春の枝先の芽ぐみとなり
出来立ての巣でさえずりはじめた
まだ羽根生えそろわぬ雛鳥《ひなどり》となり
花芯に棲《す》む芋虫や
石の中にひそむ宝石となって

私はいまもやってくる
笑い　そして泣くために

恐れ　そして望むために
この胸の鼓動は
生きとし生けるものすべての
生と死をきざむ

私は蜻蛉《かげろう》
川面《かわも》で脱皮しようとする
そして私は鳥
舞い降りてその蜻蛉を飲みこむところ

私は蛙《かえる》
澄んだ池の水の中をのびのびと泳ぐ
そして私は草蛇
蛙をひと飲みしようと忍び寄る

私はウガンダの子ども
骨と皮ばかりになり　やせた両脚は竹の棒のよう
そして私は武器商人
ウガンダに死をもたらす兵器を売りつける

私は十二歳の少女
小さな舟で逃れる避難民
海賊に辱《はずかし》めを受けたあと
みずから海に身を投げた
そして私は海賊
私のハートはいまもなお
理解と愛を知ることがない

私は政治局員
大いなる権力をこの手ににぎる
そして私は強制収容所で
緩慢な死を迎えようとする男
「血の負債」を国民に払うため

私の喜びは春のよう
その暖かさで　世界中の花を開かせる
私の痛みは涙の川のよう
溢《あふ》れかえって　四つの海を満たす

私を本当の名前で呼んでください

私のすべての嘆きと笑いが
一度に聞こえるように
私の喜びと苦しみがひとつであると
わかるように

私を本当の名前で呼んでください
私が目覚め
このハートのとびらが開け放たれるように
慈悲という名のとびらが

（『ティク・ナット・ハン詩集　私を本当の名前で呼んでください』島田啓介訳、新泉社、一七三〜一七七頁）

「わたし」のいのちを感じる——私の内側に流れているいのちの泉に気づく

多様な自分は、日々いのちを動かしながら生きています。そのいのちのエネルギーをイエス様は「泉」、「水」にたとえて語られました。

「この水を飲む者はだれでもまた渇く。しかし、わたしが与える水を飲む者は決して渇かない。わたしが与える水はその人の内で泉となり、永遠の命に至る水がわき出る」（ヨハネ四・一三〜一四）。

「わたしが与える水は、あなたの中で泉となる。」 汲《く》めども尽きぬ真清水のように、湧き出てやまない愛のいのちをあなたに与える。イエス様はサマリアの女にそうお語りになります。

人は、自分の内側にあるエネルギーが抑えつけられているとき、生きている実感や生きることの意義を見失うばかりか、これを放置しておくと、いつしか暴力となり、爆発することがあります。この「内側にあるエネルギー」は、水の流れにも似ています。

水は、疲れた身体に新たな力を与え、渇いたたましいに潤いをもたらします。水は、人のいのちを支えるために欠かせないものです。湧き出てやまぬ泉のごとく、イエス様の愛は、私のたましいに絶えず新しい力、いのちを補給します。そして、そのいのちに堅く結びつけられた人は、もはや死の渇きを覚えることはないのだとこの物語は証言しています。

「自分が自分に対して他人である限り、他人に対してもわたしたちは当然他人であり、両者の距離を縮めることはできない。……自分が自分の核としっかりと繋《つな》がっている時だけ、わたしたちは他者とも繋がることができる。それをわたしはようやく理解できるようになった。そしてわたしにとって、その核、あるいは内なる泉を発見するには、やはりひとりになるのがいちばんだと思う」（アン・モロウ・リンドバーグ著、落合恵子訳『海からの贈りもの』立風書房、四二～四三頁）。

アン・モロウ・リンドバーグは、「自分の内部に注意を向ける」重要さを指摘し、それこそが大きな価値に値すると語ります。お互いに「人間としての関係」を成立させるためには、その関係に先立って、それぞれが自分の世界を充実したものにすること、何よりも自分に向き合うという「内省の習慣」を身につけることが助けとなるでしょう。

深い悩みの淵《ふち》にあったサマリアの女も、自分の内にある「いのちの流れ」に気づきます。そして、自分の内にあるいのちの泉を日々確かめながら、「いま」「ここに」生きている「わたし」を素直に喜び祝う者とされていったのです。

私たちはみな、ありのままに受容され、喜び祝われている存在です。湧き出てやまぬ泉は、いのちの主イエス・キリストご自身です。私たちが、日常の中で自分たちの内側に目を向けるとき、そこには、かけがえのないいのちの源が確かにあるのです。

「わたし」に共感する――自分の本当の願いに気づく

イエスはその場所に来ると、上を見上げて言われた。「ザアカイ、急いで降りて来なさい。今日は、ぜひあなたの家に泊まりたい。」ザアカイは急いで降りて来て、喜んでイエスを迎えた（ルカ一九・五〜六）。

ザアカイは徴税人《ちょうぜいにん》のかしらでした。富裕層だけでなく貧しい人々からも容赦なく税を徴収する、まさに高利貸しのようにお金に執着していました。そのため、ローマ（異国の支配者）の手先として「罪深い者」とされ、友人もなく、だれからも相手にされず嫌われていたようです。寂しく孤独な毎日を過ごしていたザアカイにとって、自分を裏切らない唯一信頼に足るものはお金だったのでしょう。

さらに彼は、群衆にさえぎられて、イエス様を見ることができないほどに「背が低かった」と聖書にあります。背が低いことは、ザアカイにとって現実的かつ宿命的なことで、彼自身の力ではどうすることもできないことでした。

私たちの人生においても、様々な形で自分の力ではどうしようもない宿命としか言えないようなことがあります。また、そのことによって不利益を被《こうむ》ったり、傷ついたり、人格形成に何らかの影響を受けてしまうような事柄の中でのた打ち回るような苦しみを経験することも少なくありません。これはあくまでも想像にすぎませんが、彼は好きこのんでこの仕事に就いたわけではないのかもしれません。宿命的なことや脆弱性《ぜいじゃくせい》、壊れやすく、実際に打ちひしがれていたそんな自分の姿から目をそらすために、またこれに関連して、少しでも人に認められ、自分の姿をより大きく見せるために、徴税人のレールに乗っかり、気がつくとトップにまで上りつめていたのかもしれません。

ところが、これまで徴税人のかしらとしての威厳を保つべく、大きな家に住み、豪奢《ごうしゃ》な衣装を身にまとって威風堂々としていた彼が、このとき、脇目もふらず走って先回りし、いちじく桑の木によじ登ったというのです。徴税人のかしらだからこうあらねばならない、といった枠組みや縛りから全く解放されて、今まで自分の身や地位を守ってくれていた場所から飛び出し、群衆からも抜け出し、何もかも投げ出して、まるで純粋無垢《むく》で無防備な子どものようにドキドキ、ワクワクしながら木に登ってしがみついているのです。どうしてでしょうか。それは、イエス様にお会いしたい一心からでした。他人の目を気にすることなく、一途にイエス様を見てみたいと思ったザアカイは、自分の正直な気持ちと初めて向き合うことができたのではないでしょうか。むき出しの感情が湧き起こり、イエス様にとにかく会いたいとの切なる願いが彼を突き動かしたのでしょう。イエス様という磁石に引きつけられて、今までいた自分の場所、立ち位置から躍り出たザアカイは、自分の素直な気持ちに気づくことで、自分とのつながりを初めて回復することができたのです。

イエス様はザアカイを見つめます。「ザアカイよ」という呼びかけの中に、イエス様の愛と承認が見てとれます。宿命的な事柄のゆえにのた打ち回っていたことも、徴税人として差別を受け苦しんできたことも、そのすべてをイエス様は承知しておられたのです。

ここでイエス様はザアカイに同情して「気の毒だからあなたのところに泊まってあげる」と言ったのではなく、むしろ、「お願いだからぜひわたしを泊めてくれないか」と頼んでおられます。「わたしを受け入れてほしい」と言われるイエス様はとても脆弱で頼りなく思えるかもしれません。しかしイエス様は無理にご自分を押しつけたり、押しかけたりはせず、ザアカイが主体的に受け入れてくれるまで木の下で待ち、立ち尽くされるのです。イエス様の言葉を聴いたとき、ザアカイは自分の心の奥底に寂しさや孤独があったことに気がついたに違いありません。そして、まるで友人のように語りかけてくださったイエス様の愛と信頼が、本当に自分が渇望していたことだったと知るのです。イエス様の教えの本当の豊かさに気づき、自分の財産を貧しい人々と分かち合う者へと変えられていきました。

それは、ザアカイが自分の気持ちや本当の願いに気づいたこと、すなわち自分に共感することから始まったのです。

神と「わたし」のつながりの回復——祝福を求めたヤコブの格闘

私たちが、まるごとの自分を生きるため、自分のいのちを感じ、共感していれば、自分自身と完全に出会ったことになるのでしょうか。自分の中の素晴らしさも弱さも知り、喜んだり嘆いたりして、自分とのつながりを得たとしても、自分がかけがえのない「わたし」であることを理解するのはなかなか困難です。

ここでは、もう一つのつながり、神と「わたし」のつながりについて考えてみましょう。

そのとき、何者かが夜明けまでヤコブと格闘した。ところが、その人はヤコブに勝てないとみて、ヤコブの腿《もも》の関節を打ったので、格闘をしているうちに腿の関節がはずれた。「もう去らせてくれ。夜が明けてしまうから」とその人は言ったが、ヤコブは答えた。「いいえ、祝福してくださるまでは離しません。」「お前の名は何というのか」とその人が尋ね、「ヤコブです」と答えると、その人は言った。「お前の名はもうヤコブではなく、これからはイスラエルと呼ばれる。お前は神と人と闘って勝ったからだ。」「どうか、あなたのお名前を教えてください」とヤコブが尋ねると、「どうして、わたしの名を尋ねるのか」と言って、ヤコブをその場で祝福した。ヤコブは、「わたしは顔と顔とを合わせて神を見たのに、なお生きている」と言って、その場所をペヌエル（神の顔）と名付けた。

ヤコブがペヌエルを過ぎたとき、太陽は彼の上に昇った。ヤコブは腿を痛めて足を引きずっていた。こういうわけで、イスラエルの人々は今でも腿の関節の上にある腰の筋を食べない。かの人がヤコブの腿の関節、つまり腰の筋のところを打ったからである（創世三二・二五〜三三）。

ヤコブはイサクの双子の息子の一人です。当時の社会で長子に与えられる祝福を、次男でありながら策略を尽くしてかすめ取りました。長子の特権として兄の二倍の財産を手に入れたヤコブは、兄から逃げるように遠く離れて暮らしながらも、富や愛する伴侶を手に入れます。自分自身の才覚と力で成功を手に入れたように見えました。

しかしあるとき、ヤコブは故郷に帰るようにとの呼びかけを聞きます。兄の存在を恐れながらも故郷に帰る道中、ある夜、何者かが現れてヤコブと格闘を始めます。それは神でした。ヤコブは神に祝福を求め、格闘は朝まで続きます。

あくまでも祝福を追い求めるヤコブでしたが、そこでまず問われたのは自分の名前でした。

「お前の名は何というのか。」

「ヤコブ（足を引っ張る者／人を出し抜く者）です。」

それは、彼のこれまで犯してきた罪が付いて回る名前でした。自分の力に拠り頼み、結果として他人の足を引っ張って人生を築き上げてきたヤコブは、父や兄、伯父をだましてその財や地位を手に入れてきました。聖書において、名前はその人の人格や性質を表すだけでなく、存在あるいは実体とも深い関係にあります。名を告げるとは、罪深い自分というありのままの存在を神の前に告白し、すべてを委ねるということでもありました。

格闘の中で腿の関節がはずれ、ボロボロになりながら、恐れや挫《くじ》けそうになる自分の弱さを感じたことでしょう。それでも自分の過去の罪を想うとき、どうしても祝福をいただかなければ、と力を振り絞りました。そして、神との格闘の中で、自分と出会い直します。自分ひとりの力では知ることのできなかった「ありのままで祝福されている自分」を知るのです。

罪を抱えながらも祝福を求め続けたヤコブの全存在を、神は肯定したうえで、新しい名イスラエル（神は闘う）を彼に与えられます。そのことで、ヤコブは新しい存在へと生まれ変わるのでした。ここに神とヤコブとの間のつながりが回復します。自分の力ではなく、神が争う（イスラエル）がゆえに一切を神に委《ゆだ》ねる者へとされていくのです。

このヤコブの上に太陽が昇りました。この太陽の光は、へりくだって主を畏れ敬う者にとっては裁きではなく、祝福の光になるのでしょう。これは、死と闇の状態から真のいのちの光へと向かうイエス・キリストの復活を予表すると同時に、神と私の祝福に満ちた和解の関係を表しているといえるでしょう。ヤコブはこのとき、かつて神が約束してくださった祝福の言葉を想起したはずです。

「地上の氏族はすべて、あなたとあなたの子孫によって祝福に入る。見よ、わたしはあなたと共にいる。あなたがどこへ行っても、わたしはあなたを守り、必ずこの土地に連れ帰る。わたしは、あなたに約束したことを果たすまで決して見捨てない」（創世二八・一四～一五）。

この祝福の約束はヤコブだけに語られた言葉ではありません。私たちもまた、罪を抱えながらも新たに豊かに変えられていく存在です。私たちが祈りと行いのうちに、神に向き合うとき、神の和解と祝福の光にいつも招かれているのです。

3　「わたしたち」のいのちが生きるコミュニティ

これまで私たちは、「わたし」と「あなた」の関わり、「わたし」自身との関わりについて、み言葉に聴いてきました。

ここからは、「わたしたち」、すなわちコミュニティについて触れたいと思います。三人以上の人間関係には、一対一の人間関係とは違う素晴らしさと難しさがあります。人が複数集まるとき、どんなものであれ、そこにコミュニティが形成されます。

み言葉の中で、「わたしたち」が生きるコミュニティはどのように語られているのでしょうか。

コミュニティとは

私たちはどんなコミュニティ（共同体）に属しているでしょう。何かの共通性をもつ人々がつながっている集団をコミュニティとする定義があります。家族や親族といった、生まれながらに属するコミュニティや同じ地域で暮らすコミュニティ、教会共同体というコミュニティ、同じ趣味や関心でつながる世界中にあるコミュニティなど、様々なコミュニティが思い浮かぶでしょう。日々顔を合わせて直接関わることができる場合も、インターネットなどを介してバーチャルな関わりでつながっている場合もあり、そのあり方は多様です。

私たちは様々なコミュニティの中で、人との関わりやコミュニケーションを体験し、喜びを感じたり、自分の存在を活き活きと輝かせたりします。同時に、孤独や苦しさ、息苦しさを感じるのも、こうしたコミュニティの中であったりします。

では、イエス様と弟子たちが置かれていたコミュニティを、聖書はどのように描いていたでしょう。イエス様はコミュニティをどのようなものだと考えておられたのかを見てみましょう。

その後、イエスはガリラヤ湖、すなわちティベリアス湖の向こう岸に渡られた。大勢の群衆が後を追った。イエスが病人たちになさったしるしを見たからである。イエスは山に登り、弟子たちと一緒にそこにお座りになった。ユダヤ人の祭りである過越祭が近づいていた。イエスは目を上げ、大勢の群衆が御自分の方へ来るのを見て、フィリポに、「この人たちに食べさせるには、どこでパンを買えばよいだろうか」と言われたが、こう言ったのはフィリポを試みるためであって、御自分では何をしようとしているか知っておられたのである。フィリポは、「めいめいが少しずつ食べるためにも、二百デナリオン分のパンでは足りないでしょう」と答えた。弟子の一人で、シモン・ペトロの兄弟アンデレが、イエスに言った。「ここに大麦のパン五つと魚二匹とを持っている少年がいます。けれども、こんなに大勢の人では、何の役にも立たないでしょう。」イエスは、「人々を座らせなさい」と言われた。そこには草がたくさん生えていた。男たちはそこに座ったが、その数はおよそ五千人であった。さて、イエスはパンを取り、感謝の祈りを唱えてから、座っている人々に分け与えられた。また、魚も同じようにして、欲しいだけ分け与えられた。人々が満腹したとき、イエスは弟子たちに、「少しも無駄にならないように、残ったパンの屑《くず》を集めなさい」と言われた。集めると、人々が五つの大麦パンを食べて、なお残ったパンの屑で、十二の籠《かご》がいっぱいになった（ヨハネ六・一〜一三）。

持っているものを差し出す――五つのパンと二匹の魚

多くの人々がイエスを求め、群衆となって近づいて来るのをイエス様は見つけます。そして、「この人たちに食べさせるには、どこでパンを買えばよいだろうか」と弟子の一人のフィリポにお尋ねになります。フィリポにとっては、数千人の見知らぬ群衆に食べさせるということは、とうてい考えられないことだったでしょう。しかし、イエス様はご自分が何をするべきかを知っておられました。数千人であっても、彼らの空腹を満たそうとしておられました。

そこに一人の少年が現れます。イエス様の言葉を耳にした少年は、自分の持っている大麦のパン五つと魚二匹を差し出します。自分と家族のために持っていたものだったのでしょうか。もしかすると、家族に相談せず、思わず差し出したのかもしれません。弟子のアンデレは、「こんなに大勢の人では、何の役にも立たないでしょう」と言葉を続けます。

ところが、イエス様は「人々を座らせなさい」と伝えます。そしてパンを取り、感謝の祈りを唱え、たった五つのパンと二匹の魚を人々に分け与えられました。すると奇跡が起きたのです。

パンと魚がどうやって増えたのか、様々な解釈や言説があるでしょう。しかし大切なのは、私たちがここから何を受け取るかであると思います。

この奇跡は、最初にイエス様が、同じ神を信じる同じ民族だけでなく、異邦人や罪びとと呼ばれる人々、男も女も子どもも含む群衆の中に、神の民のコミュニティを見いだされたことから始まります。弟子たちにとっては、単なる群衆にすぎない人々を、イエス様は愛するコミュニティとみなし、心を向けられました。次にそのコミュニティの中に、自分の持つすべてを差し出す一人の人――少年が現れ、イエス様が祈りとともに、差し出されたものを人々に分け与えたとき、奇跡が起きたのです。

イエス様が和解の祝福としてこの世にもたらした神の視座とは、地縁、血縁、民族や階層といった古いコミュニティの概念を超えて、和解の祝福に招かれているすべての人間のコミュニティです。しかも、そのコミュニティの中心に据えたのは、正しさや律法ではなく、神と人への愛でした。私たち一人ひとりも、それぞれが置かれている場所にこうしたコミュニティを見いだすことができるのではないでしょうか。

私たちがそこにコミュニティがあることに気づき、神の呼びかけに応えて自分の持てるものを差し出すとき、神の助けにより何かが起きます。私たちの力は、本当に取るに足らない小さな力に思えるでしょう。目の前に広がる世界の姿に圧倒されているかもしれません。しかし、私たちがコミュニティの中で祈りとともに差し出し、委ねるときにこそ、神の力は働くのだと信じます。

満員電車の中の群衆。隣の人と身体が触れ合うほど近くにいても、だれひとり目を合わせず会話もありません。「これはさすがにコミュニティとは言えないだろう。」そう思っていても、突然乗客の一人が体調不良で倒れたとします。すると一人の人がその人に目を留め、手を差し伸べ、そしてその車両は、あっという間に一人の弱った乗客を中心とするコミュニティとなる。そうしたことも起こりうるのではないでしょうか。

愛なる神は、まず私たちのコミュニティを見いだし、その中にとどまってくださいます。神は霊というかたちをとり、あらゆる場所で私たちを取り囲み、私たちのうちに浸透し、私たちを導いてくださいます。一人ひとりが神に信頼して、自分の小さな知識や知恵、能力といった自分の持っているものを差し出すとき、そこにコミュニティが現れます。そして、神はその差し出されたものを祝福し、日々の中で奇跡を起こしてくださるでしょう。

共に食卓を囲む——神の国のひな型

イエス様は多くの人と食事を共にされました。弟子たちは頻繁にイエス様と食事を共にし、パンを割く姿を見て復活のキリストに気がつくほどでした。また、罪人と呼ばれる人、徴税人など、人々から受け入れられない人とも、イエス様は食事を共にしておられました。そして、共にパンを裂き、ぶどう酒を分かち合うという食卓を、記念として行いなさい、とお命じになりました。それは、私たちの罪の赦しのために、ご自身を献げられたイエス様をいただくということです。

聖餐式《せいさんしき》ではなくとも、食事を共にいただくということは、お互いの存在を受け入れ、お互いの心と身体を養うことを意味しています。人類は世界中で太古からコミュニティで食事を分かち合ってきました。私たちがだれかと食卓を囲むとき、私たちはそこにコミュニティを見いだすこともできるでしょう。日常の中で、家族と食卓を囲むとき、友人と食事を共にするとき、私たちはお互いを大切な人として受け入れ、お互いの心と身体を養い合う機会を得ているのです。

では、私たちはだれと食卓を囲むことへと招かれているのでしょうか。自分の家族や友人、親しい人だけでしょうか。

「神の国で食事をする人は、なんと幸いなことでしょう」（ルカ一四・一五～二四）という言葉を受けてイエス様は一つのたとえ話をお語りになります。ある人が盛大な宴会を催そうとして多くの知人を招きますが、招かれていた人たちは自分の仕事や個人的都合を理由に結局来ないのです。宴の席についた人たちは大通りや路上で声をかけられた見ず知らずの人々、もてなしを受けてもお返しもできないような弱い立場の人々でした。

私たちは、すべての人に開かれたイエス様の食卓へと招かれています。招きに応えて席に加わり、弱く差し出すものが何もないと思えるときでも、自分の存在をそこにおいて食事をいただき、共に養われましょう。謙虚に感謝をもって受け取ること、心から喜んでもてなすこと。食卓を囲んで、和解の祝福の柔らかい光が広がります。

コミュニティの中の多様性

私たちの社会には多様な人々がいます。そして、ときにコミュニティの中で、この多様性が関わりの難しさとなることがあります。多様な人々が共にいることに、いったいどういう意味があるのでしょうか。

賜物《たまもの》にはいろいろありますが、それをお与えになるのは同じ霊です。務めにはいろいろありますが、それをお与えになるのは同じ主です。働きにはいろいろありますが、すべての場合にすべてのことをなさるのは同じ神です。一人一人に〝霊〟の働きが現れるのは、全体の益となるためです。ある人には〝霊〟によって知恵の言葉、ある人には同じ〝霊〟によって知識の言葉が与えられ、ある人にはその同じ〝霊〟によって信仰、ある人にはこの唯一の〝霊〟によって病気をいやす力、ある人には奇跡を行う力、ある人には預言する力、ある人には霊を見分ける力、ある人には種々の異言を語る力、ある人には異言を解釈する力が与えられています。これらすべてのことは、同じ唯一の〝霊〟の働きであって、〝霊〟は望むままに、それを一人一人に分け与えてくださるのです。体は一つでも、多くの部分から成り、体のすべての部分の数は多くても、体は一つであるように、キリストの場合も同様である。つまり、一つの霊によって、わたしたちは、ユダヤ人であろうとギリシア人であろうと、奴隷であろうと自由な身分の者であろうと、皆一つの体となるために洗礼を受け、皆一つの霊をのませてもらったのです。体は、一つの部分ではなく、多くの部分から成っています。足が、「わたしは手ではないから、体の一部ではない」と言ったところで、体の一部でなくなるでしょうか。耳が、「わたしは目ではないから、体の一部ではない」と言ったところで、体の一部でなくなるでしょうか。もし体全体が目だったら、どこで聞きますか。もし全体が耳だったら、どこでにおいをかぎますか（Ⅰコリント一二・四～一七）。

新約聖書の時代、使徒パウロが手紙を書いた宛先のコリント教会では、「霊的な賜物」として、ある特定の霊の能力を神から与えられた人たちが、自分たちを誇りに思い、そうでない人々を低く見て差別していました。そのことで教会の中が分裂するまでになっていたのです。しかしそこには「霊的な賜物」についての誤解がありました。

賜物とは、一人ひとりが授かっている異なる能力や特質のことです。その字のとおり一人ひとりが賜った物です。原語のギリシア語で賜物はカリスマタ、「神から与えられた恵み」を表します。「恵み」とは、神の愛に基づく一方的な行為です。私たちが一人ひとり異なる能力や資質をもつのは、神からの愛の贈り物だと言えるでしょう。ところで、私たちに賜物が与えられている目的は何でしょうか。それは、個人の益のためではなく、全体の益となるためだ、と聖書は語っています（同七節）。賜物は、教会、つまり共同体全体のために、神が一人ひとりに与えてくださった能力や特質だと言えるでしょう。

ここで、人の体を用いて、神の意図される共同体のあり方についてパウロが語る言葉を見てみましょう。一つの体が生命体として機能するためには、目や鼻、手や足、そして心臓や腸など様々な器官を必要とします。また、そのどれ一つとして同じ働きをしません。それぞれの器官が独自の働きを全うすることで、一つの体が成立します。一つの体であるために、各部分はお互いを必要としているのです。

体を一つの共同体だと考えてみましょう。共同体が活き活きと機能するためには、異なる「賜物」をもつ多様なメンバーを必要とします。ときには理解し難いような賜物をもつ人にも出会うことがあります。そうであっても、それがその人への神からの贈り物であることを思い出すとき、私たちは互いの違いに敬意を払い合うことができるでしょう。私にない特別なものを、その人がもっている。そのことに感謝することができる日が必ず訪れます。

こうして私たちは、一つの体が様々な器官から成り立つ、多様性と統合性という共同体の原則をパウロの教えから学びました。それでは、各器官を一つに引き寄せる鍵は何でしょうか。それはキリストです。パウロは、教会という共同体をイエス・キリストの体だと言いました。イエス・キリストを信じる信仰により、様々な異なる背景をもつ私たちが、一つとなる霊を注がれたのです（同一三節）。イエス・キリストの体を建て上げるという目的に目を向けるとき、共同体のために自分に与えられた賜物を用いようと差し出すと、そこに神の力、すなわち聖霊の特別な働きが現れます。そのとき、想像をはるかに超える不思議なことが起こることを、私たちは体験します。私たちの賜物は、この世界全体への贈り物となるのです。

コミュニティの中の弱さ――キリストの力が宿る場

置かれているコミュニティの中で自分の弱さを見るとき、私たちは失望したり不安になったりすることがあります。私たちの弱さには価値があるのでしょうか。

しかし、自分自身については、弱さ以外には誇るつもりはありません（Ⅱコリント一二・五b）。

すると主は、「わたしの恵みはあなたに十分である。力は弱さの中でこそ十分に発揮されるのだ」と言われました。だから、キリストの力がわたしの内に宿るように、むしろ大いに喜んで自分の弱さを誇りましょう」（同九節）。

なぜなら、わたしは弱いときにこそ強いからです（同一〇節c）。

ローマ社会では特権を有していたパウロでしたが、自身が体の中に弱さをもっていました。それを取り除いてくださるように、祈りの中で神に懇願しましたが、神はそれをパウロから取り除くことはなさいませんでした。それをもったままのパウロを良しとされたのです。パウロも次第に、自らの弱さを「誇り」だと言えるようになっていきました。弱さは、神とつながる大切な「場」なのだということに、パウロは気づいたのです。

そうです、私たちの内にある弱さは、キリストの力が宿り、その力が現れる特別な「場」なのです。自らの肉体的・精神的・霊的な弱さは、私たちの理想とする体ではないかもしれません。それによって思い描いた結果を手に入れることができず、落胆しているかもしれません。しかし、弱さこそ神の力が働く場であると気づくとき、自らの弱さへの見方が変わらないでしょうか。弱さを通して神とより深くつながり、そこに神の力が働いている姿は、共同体にとって、素晴らしい希望の証しとなるでしょう。

コミュニティのいのち――喜ぶ人と共に喜び、泣く人と共に泣く

愛には偽りがあってはなりません。悪を憎み、善から離れず、兄弟愛をもって互いに愛し、尊敬をもって互いに相手を優れた者と思いなさい。怠らず励み、霊に燃えて、主に仕えなさい。希望をもって喜び、苦難を耐え忍び、たゆまず祈りなさい。聖なる者たちの貧しさを自分のものとして彼らを助け、旅人をもてなすように努めなさい。あなたがたを迫害する者のために祝福を祈りなさい。祝福を祈るのであって、呪ってはなりません。喜ぶ人と共に喜び、泣く人と共に泣きなさい（ローマ一二・九～一五）。

この言葉は、パウロがローマの共同体に宛てて書いた手紙の一部です。ローマを訪ねる直前に記したものと言われています。当時、ローマの共同体は、ローマに住むユダヤ人と異邦人から構成されていました。そして、両者の間にユダヤ教の習慣の順守をめぐって争いがあったようです。キリスト者の共同体でありながら、対立に苦しむローマの共同体に、パウロは手紙の中で呼びかけます。そこには、私たちがコミュニティのいのちを活き活きと養っていくためのヒントが隠されています。

パウロは「愛には偽りがあってはならない」、つまり裏表なく人を大切にすることを勧めます。ギリシア語の

意味から読み解くなら、威圧的に関わること（悪）を憎み、親身に関わること（善）にこだわりなさい、ということです（『パウロの書簡』本田哲郎訳〔新世社〕を参照）。そして、兄弟愛をもって互いに愛し合うこと、そのためにお互いを尊敬することを勧めています。それぞれが与えられている賜物、つまり相手の中に優れたものを見なさい、と言っています。

同時に、私たちの互いの弱さを自分のものとして助けなさい、とも呼びかけます。「旅人をもてなすように」とは、当時の命がけの困難な旅をする人々を危機から救い、疲れを癒し、力を回復し、彼らが旅の道のりを続けられるように支えることです。私たちは物理的にも精神的にももてなし、お互いの与えられた人生を全うできるよう支えることができるのです（出エジプト二二・二〇、レビ一九・三四）。

そして、神に仕え、絶えず祈ることを勧めています。なぜなら、そこにこそ私たちの希望があるからです。

さらにパウロは、対立の中にあったローマの共同体にこう付け加えます。迫害する者のために祝福を祈りなさい。呪うのではなく、祝福しなさい。これはまさに、十字架上のイエスの姿です。「よかった」（ヘブライ語で「トーヴ」）と言われた人間を、和解の祝福に招く姿を表しています。争いの中にあっても、神がご覧になっている被造物・人間の美しさを祝福することをパウロは説いています。パウロ自身が、キリスト者を迫害していた過去があるからこそ、赦しと和解の祝福を身をもって実感していたからではないでしょうか。

イエスは、最後の晩餐《ばんさん》の夜、新しい掟《おきて》を弟子にお与えになりました。「私があなたがたを愛したように、互いに愛し合いなさい」という言葉は、ユダヤ人のみならず、異邦人も含めたすべての人に向けられていました。地縁、血縁、民族といったコミュニティから、神が愛し、和解の祝福に招かれた人間のコミュニティへと拡張されたのです。

祈りのうちに希望を抱き、ただ愛に基づいてお互いを尊重し、弱さを支え合い、共に祈り、共に喜び、泣くことによって、コミュニティのいのちは養われます。

4　世界の中の「わたしたち」

全世界にとって特別な二〇二〇年という年にこの本が書かれたことに、神の計らいを感じずにはいられません。今、世界で起きている出来事から、「わたしたち」が世界とどう関わっていくのかを問われているように感じます。

ノアの箱舟——被造物全体の和解へ

「あなたたちならびにあなたたちと共にいるすべての生き物と、代々とこしえにわたしが立てる契約のしるしはこれである。すなわち、わたしは雲の中にわたしの虹を置く。これはわたしと大地の間に立てた契約のしるしとなる。わたしが地の上に雲を湧き起こらせ、雲の中に虹が現れると、わたしは、わたしとあなたたちならびにすべての生き物、すべて肉なるものとの間に立てた契約に心を留める。水が洪水となって、肉なるものをすべて滅ぼすことは決してない。雲の中に虹が現れると、わたしはそれを見て、神と地上のすべての生き物、すべて肉なるものとの間に立てた永遠の契約に心を留める」（創世九・一二〜一六）。

創世記には、地上の人間を含むすべての生き物たちを襲った洪水の物語が書かれています。ノアの箱舟の物語です。この箇所は、洪水の水がひいて大地が現れ、ノアが舟を下りて献げ物を祭壇の上にささげた後、神がノアたちに語りかけた言葉です。

神はノアたちを祝福した後、地上に住む人間、すべての生き物を二度と滅ぼさない、と約束されました。虹はその約束のしるしです。恐ろしい洪水を経験した後に、神からこのような約束をいただいたノアたちは、どんなに安心したことでしょう。美しい虹のかかった空を見上げ、神に感謝したことでしょう。

この約束は、ノアたちが清い、正しい人だったから得られたのでしょうか。いいえ、そうではなさそうです。献げ物を受け取った神は、「人が心に思うことは、幼いときから悪いのだ」と言っておられます（同八・二一）。この洪水の後も、人間が過ちを繰り返してしまうことをご存じでした。ですから、神の約束は人間の正しさによるものではなく、神からの無条件の保証なのです。

聖書の中で、虹は弓を表していると言われています。「雲の中に虹を置く」とは神のご臨在の中に武器である弓を置く、戦いの終わりを表しています。つまり、裁きの矢は二度と人間や地上の生き物に向けられないということです。洪水後の新しい約束は、神からの一方的な和解の祝福の約束でした。神の子イエス・キリストは、私たちへの裁きの矢を代わりに受けてくださいました。

今、世界はＣＯＶＩＤ―19という洪水に見舞われています。世界中の人々がこの困難に直面しています。多くの人がこの感染症に苦しみ、人と人の直接的な関わりが難しくなっています。そのうえ、安全安心や医療から取り残された人々の存在、感染をめぐる差別や中傷など、イエス様の示してくださった愛のおきてから隔たりのある「わたしたち」の姿を目の当たりにして、愕然《がくぜん》とします。

しかしこのような時こそ、契約のしるし、神が置いてくださった虹を見上げ、希望を抱く時ではないかと思います。イエス・キリストはその十字架と復活の生涯を通して、私たちに「自分やだれかとの関わりにおいて、どのように愛すればよいか」を示してくださいました。そして、置かれているコミュニティの中で、教会共同体の中で、どのように支え合い、活かし合っていけばよいかを、日々聖霊の助けをもって示してくださっています。

地上の生き物が等しく約束されている和解の祝福に応え、「わたしたち」もこの祝福された世界のために生きる、和解の祝福を生きることに招かれています。

相互に依存し合う「わたしたち」の世界

私たち人間は、神によって社会的な存在として創られました。「人が独りでいるのは良くない」と神が言われたとおり(創世二・一八)、私たちは社会の中、コミュニティの中で生かされています。そうはいっても、私たちが目にする社会では、人々は分断され、つながるのは困難ではないか、と思えるでしょう。けれども、二〇二〇年に起きたCOVID―19の感染拡大は、私たちのつながりについてとても重要なことを知らせてくれました。一つの国のある都市から始まった病が、瞬く間に世界に広がりました。多くの感染者と死者を出し続けているこの病の蔓延《まんえん》は憂うべき事態ですが、私たちが分かち難くつながっていることを、皮肉にも明らかにしたのです。

この地球という一つの星の上で、世界中の人間はつながっています。感染拡大を抑えるため、各国は往来を一次的に止めて、人々を守ろうとしました。同時に、この星の上には、感染から身を守る術をもたない人々がいることも明らかになりました。経済力や住んでいる場所によって、生命を守るための選択に大きな格差がある現実を目の当たりにしました。また、こうした生命の危機を前にして、私たちは多くの医療従事者やエッセンシャルワーカーによって、普段の生活が支えられていることにもあらためて気づきました。

このように、私たちは相互に依存しているのです。まるで一つの身体のようなコミュニティです。私たち人間は、国境を越えた一つのコミュニティに属しています。そうだとすれば、私たちはどのようにお互いを支え合っていけばよいのでしょうか。この「時のしるし」から何を学び、どんな回心をすればよいのでしょうか。

最後は、南半球の貧しい人々と共に生きてきた一人のキリスト者の祈りで終わりたいと思います。神の前にひざまずき、私たち自身も創られたすべてのものと共に感謝と賛美をささげ、世界の和解を祈りたいと思います。

わたしたちの地球のための祈り

全能の神よ、
あなたは、宇宙全体の中に、
そしてあなたの被造物のうちでもっとも小さいものの中におられます。
あなたは、存在するすべてのものを
ご自分の優しさで包んでくださいます。
いのちと美とを守れるよう
あなたの愛の力をわたしたちに注いでください。
誰も傷つけることなく、兄弟姉妹として生きるために、
わたしたちを平和で満たしてください。
おお、貧しい人々の神よ、
あなたの目にはかけがえのない
この地球上で見捨てられ、忘れ去られた人々を救い出すため、
わたしたちを助けてください。
世界を貪るのではなく、守るために
汚染や破壊ではなく、美の種を撒《ま》くために
わたしたちのいのちをいやしてください。
貧しい人々と地球とを犠牲にし利益だけを求める人々の

心に触れてください。
それぞれのものの価値を見いだすこと、
驚きの心で観想すること、
あなたの無限の光に向かう旅路にあって
すべての被造物と深く結ばれていると認めていることを、
わたしたちに教えてください。
日々ともにいてくださることを、あなたに感謝します。
正義と愛と平和のために力を尽くすわたしたちを、
どうか、勇気づけてください。

（教皇フランシスコ『回勅 ラウダート・シ　ともに暮らす家を大切に』カトリック中央協議会、二〇八〜二〇九頁）

第４章　和解の祝福を生きる

第1章と第2章は人間世界、第3章は聖書の登場人物を通して、人間関係やコミュニケーションについて考えてきました。その背景には、いつも働いておられる神の創造のわざがありました。そこで、本章では、それがどのようなものであったかを確認しようと思います。神からいただいているいのちの祝福に目覚めた人が歩み始め、向かっていく世界とはどんなものなのでしょうか。もう一度「和解の祝福を生きる」というこの本のテーマに戻ります。

ここに書き表したものは、この本の執筆に携わった者たちが、対話を重ねながら、「和解の祝福を生きる」とはどういうことなのかを熟考したものです。これはまだ結論に達したものではありません。ここからさらに、対話の輪が広がっていくことを願っています。

1　良かった（トーヴ）――無条件に私たちのいのちを祝福する神の言葉

聖書によれば、神は神に似たものとして人間を創造されました。「神はご自分にかたどって人を創造された。神にかたどって創造された」（創世一・二七）。

神は他者と共に生きる存在として人間を創造しておられます。「人が独りでいるのは良くない。彼に合う助ける者を造ろう」（同二・一八）。互いに助け合いながら生きていく者として、神は人間を創られました。

聖書の神は、言葉を用いて、人間に関わる神です。アダムと女が神の顔を避けて、園の木の間に隠れたとき、神は「どこにいるのか」（同三・九）と二人に呼びかけられました。

神は言葉によって天地を創り、それを見て「良し（トーヴ）」（同一・四、一〇、一二、一八、二一、二五、三一）とされました。「良し（トーヴ）」は、神が創られた光や水や大地、植物や天体、生き物たちをありのままに肯定する言葉です。そして神は人間を創り、人間を祝福してくださいました（同二八節）。

私たちはその祝福を他者と分かち合うように招かれています。「祝福を祈りなさい。祝福を受け継ぐためにあなたがたは召されたのです」（Iペトロ三・九）。私たちが日常生活の中で、神からの「祝福」を願うとき、そのかたちの一つが「お祝い」です。

最近私たちが祝った出来事を思い出してみましょう。何を祝ったでしょうか。何かの賞をもらったことでしょうか。あるいは誕生日でしょうか。

何かの賞をもらってお祝いすることも、誕生日のお祝いも、祝い事という意味では同じですが、そこには違いもあります。受賞を祝うには、努力してそれを得なければなりません。「努力する」という条件が伴うわけです。ところが、誕生日は生きていれば、やってきます。誕生日を祝うとき、私たちは、今ここに生かされて生きていることを祝います。自分のいのちを無条件に祝っているのです。

だれと祝っているでしょうか。家族や友人といった近しい人であるかもしれませんし、あるいはお互いにあまりよく知らない者同士ということもあるかもしれません。私たちは、だれかに祝ってもらったり、だれかを祝ったりするときに、生きることの喜びや意味を感じるでしょう。私たちは、お互いのいのちを共に祝い、祝福しながら生きる者として創られています。お祝いの表現方法は、「おめでとう」と声をかける、ごちそうを囲む、贈り物をする、笑顔を届けるなどいろいろあるでしょうが、お互いのいのちを祝福するための道具として、言葉はとりわけ大切な働きを担っています。

他者と共に生きようとするとき、お互いの気持ちを通わせ合い、尊重と調和、信頼と安全をつくり出そうとして、私たちは様々なコミュニケーションを発達させてきました。言葉を使って、他者と対話することで違いを理解し合い、問題を共に乗り越え、つながりを深める体験をしたことがあるかもしれません。その一方で、現実の日常生活の中で、お互いに同じ言葉を話しているのに言葉が通じない、対話が成り立っているように思えない、という経験もしているのではないでしょうか。

対話が成り立たないとき、私たちは生きていることに喜びや意味を見いだすことが困難になります。お互いに理解し合えないことに、いらだちや怒り、悲しみを感じることがあります。

たとい他者との関係性が破れ、幸いを感じられないときにも、神は私たちのいのちをありのままに祝福してくださっています。私たち一人ひとりが神の目には価《あたい》高く、貴い存在（イザヤ四三・四）です。あなたが自分のいのちを祝えないときにも、神はあなたのいのちを祝ってくださいます。「神はお造りになったすべてのものを御覧になった。見よ、それは極めて良かった」（創世一・三一）。一人ひとりが美しいいのちを生きているのです。

2　和解とは――共感としての愛

神は無条件に私たち一人ひとりを愛し、対話を求めて語りかけるお方です。そのような神のありように倣《なら》った生き方を、神から与えられた使命として受けとめ、選択し、実践なさったのがイエス・キリストでした。

イエス様は多様な人たちと対話をなさいました。当時人々から差別されていた徴税人にも声をかけて弟子に加え、また「罪深い」とされていた人々とともに食事の席に着き、語り合いました（マタイ九・九～一三）。伝統的に交流しないことになっている他民族の女性に「水を飲ませてください」とお願いをし、語り合いました（ヨハネ四・七～三〇）。

聖書は、イエス様と律法の専門家との対話を記録しています。ある律法の専門家が「隣人を自分のように愛しなさい」という律法についてのやりとりの中で、イエス様に「わたしの隣人とはだれですか」と尋ねます。それに応えてイエス様は、「ある人がエルサレムからエリコへ下って行く途中、追はぎに襲われた」という話をなさいます。

「追いはぎはその人の服をはぎ取り、殴りつけ、半殺しにしたまま立ち去った。ある祭司がたまたまその道を下って来たが、その人を見ると、道の向こう側を通って行った。同じように、レビ人もその場所にやって来たが、その人を見ると、道の向こう側を通って行った。ところが旅をしていたあるサマリア人は、そばに来ると、その人を見て憐《あわ》れに思い、近寄って傷に油とぶどう酒を注ぎ、包帯をして、自分のろばに乗せ、宿屋に連れて行って介抱した。」（ルカ一〇・三〇～三四）

この話を聞いて、「もし、私がそこを通りかかったらどうしただろうか」と律法の専門家も考えたかもしれません。しかし、イエス様の問いは「もし、あなただったらどうしますか」ではなく、「この三人の中で、だれが追いはぎに襲われた人の隣人になったと思うか」でした（同二五～三七節）。

「もし自分だったら」という問いを抱くとき、私の関心は、私の感じ方や考え方に向かいます。「この三人の中で、だれが追いはぎに襲われた人の隣人になったと思うか」という問いを抱くとき、私の関心は、この追いはぎに襲われた人の感じ方や考え方に向かいます。イエス様の問いは、相手の立場に身を置いてみることへの招きでした。

「隣人とはだれか」という問いは「隣人を愛するとはどういうことか」という対話へと深まっていきました。

この物語の中で、追いはぎに襲われた人を助けたのはサマリア人でした。当時の社会の仕組みの中で、ユダヤ人たちはサマリア人を差別していました。サマリア人からすると、追いはぎに襲われた人は、普段、自分たちを抑圧している人たちの中の一人でした。しかし追いはぎに襲われた人に関心を向けたのは、そのサマリア人でした。

愛の反対は無関心であるとはよく言われることですが、そうであるなら、関心を向けることは愛のありようの一つです。ここで語られている愛は、いわゆる恋人や夫婦の間の愛よりも広い意味をもちます。そして、相手の感情や必要に関心を向ける愛のありようを、現代の言葉では「共感」とも呼んでいます。

日常生活では「共感」という言葉は、「同意」や「同情」、「同感」という言葉とほぼ同じ意味で使われることが多いのですが、この本では、これらとは区別して使ってきました。たとい相手と違う意見、違う考え、違う感じ方をするときにも、相手の感情や必要に関心を向けることが、相手を愛する最初の一歩になります。

3　自分との和解——自己共感

相手の感情や必要に関心を向けることを「共感」と呼びましたが、自分自身の感情や必要に関心を向けて、ありのままに味わうことを、この本では「自己共感」と呼びます。自己共感とは、神から与えられたいのちをありのままに味わい生きることであると言えます。言い換えれば、自分を大切にすることでもあります。

この世界に遣わされ、人間の身体をもって生きたイエス様は、身体的な痛みや感情を私たちと同じように経験されました。イエス様の中には、喜びも悲しみも怒りも湧き起こっていました。そして、イエス様は自分自身の感情を率直に表現しておられます。

派遣した弟子たちがイエス様のもとに戻り、自分たちの経験を報告し、それを聞いたイエス様は喜びにあふれます（ルカ一〇・二一）。友人ラザロの死に際しては、涙を流して悲しみます（ヨハネ一一・三五）。イエス様は自分の中の怒りも、ないことにはなさいませんでした。「律法学者たちとファリサイ派の人々、あなたたち偽善者は不幸だ」と語ったとき、イエス様の中には怒りの気持ちが渦巻いていたことでしょう（マタイ二三・一〜三六、ルカ一一・三七〜五二）。受難を前にしたイエス様は、ゲツセマネの園では恐れと悲しみに苦しみもだえました。

しかし、イエス様はただ感情に翻弄されてはいませんでした。折に触れ静かな場所を求めて祈りつつ、ご自分が本当に大切にしていることと向き合っておられました。すべての感情を味わい尽くし、その奥にあるいくつもの大切なものの中から最も大切なものをお選びになりました。人間の身体で生きながらも、ご自分が必要としていること、すなわち神が望んでおられることを理解し、その必要を満たすために行動なさいました。

自己共感とは、自分の内に湧き起こる感情や身体感覚を糸口としながら、自分のいのちが何を必要としているかを感じ取ろうとするプロセスです。自分のいのちの必要とつながり共感することは、自己中心的なことのように思えるかもしれません。しかし、私たちが自分の必要や渇きを知ることはとても大切なことです。

私たちが祈るとき、ありのままの自分で神の前に座ります。喜びも悲しみも、そのままに神の前に差し出します。必要が満たされて心からの感謝をささげることもあれば、自分の内側にある渇きに気づき、その嘆きとともに、自分自身を神の前に差し出すこともあります。

それは、神との親密な関係の中で、神の愛を味わう時です。そのとき、私たちは同時に、不完全な自分を受容し、自分のいのちをありのままに味わっています。それは自分との和解の時でもあるのです。自分と和解するとは、自分のいのちをありのままに味わうことと言ってよいかもしれません。

4　キリストの和解

心の中に怒りや恐れを感じているとき、相手を受け入れることは苦しいことです。自分と対立する相手との対話は非常に困難なことです。イエス様の十字架への道は、対立する者たちとの対話の道でした。そして真摯な対話は、自己共感と共感を伴います。

エルサレムに到着したイエス様は弟子たちに「今、わたしは心騒ぐ」（ヨハネ一二・二七）と語り、ゲッセマネの園で逮捕される直前には、「私は死ぬばかりに悲しい」（マタイ二六・三八）と、ご自分の気持ちを率直に表現し、「父よ、できることなら、この杯をわたしから過ぎ去らせてください。しかし、わたしの願いどおりではなく、御心のままに」（同三九節）と祈られました。このとき、イエス様は「苦しみもだえ」（ルカ二二・四四）、自分自身の感情をありのままに味わう自己共感の深みにおいて、神から与えられた役割、使命をお引き受けになったのでした。

イエス様はゲッセマネの園から大祭司カイアファのところへ連行され、裁判を受けます。律法学者や長老はイエス様に不利な証言をします。その後、イエス様は総督ピラトの尋問を受け、ローマの兵士たちから侮辱を受けます。この間、残り少ないご自分の人生の時間を、何かを語ることよりも、相手の気持ちや必要を聴くこと――共感――に費やされたのでした。

「父よ、彼らをお赦《ゆる》しください。自分が何をしているのか知らないのです」(ルカ二三・三四)と祈ったとき、イエス様は、「彼ら」と神の間の仲介者としての役割を担っておられます。この言葉は、自分と対立している者たちへの共感と、その者たちを受容している神への信仰を表現しています。自分と対立している者たちを受容することは苦しいことです。イエス様は、自らの身に、その苦しみを引き受けられたのでした。イエス様の苦しみは、その者たちを受容している神の愛のしるしとなりました。イエス様が選んだ道は、神と共に歩む道でもありました。

和解が実現することの可能性を信じ、そのことにいのちをかけたのがイエス様の十字架への道でした。それは、暴力の道を避けて、神の示される愛の道を一歩一歩進む道です(詩編一七・三~五)。そのイエス様の苦しみを通して、神から人間への歩み寄りの一歩が、歴史の中に姿を現しました。ここに和解への扉が開かれたのです。

対立する相手と愛の関係を築くのは困難なことに見えます。怒りの嵐が吹き荒ぶなかで、互いに受容し、和解する道筋を見いだそうとするとき、私たちは途方に暮れます。その道はとても細く見えます(マタイ七・一四)。そして、私たちは助けを必要とします。そのような私たちを助けるために送られて来るのが聖霊です。

5　生きる苦悩

人生において、あまりに深い悲しみや苦しみに出合うとき、私たちはそれを言葉にすることができません。時が永遠に止まってしまったように感じられ、「苦しみよ！　お願いだから早く過ぎ去って……」と、声にならない叫びの中でうずくまって、うめき続けます。そんなとき、神はどこにおられるのでしょうか。神は沈黙して、遠くから苦しむ私たちをただ眺めておられるだけなのでしょうか。

人が苦しみうめいているとき、聖霊は私たちとともにうめいている、とパウロは言いました。

同様に、〝霊〟も弱いわたしたちを助けてくださいます。わたしたちはどう祈るべきかを知りませんが、〝霊〟自らが、言葉に表せないうめきをもって執り成してくださるからです。（ローマ八・二六）

私たちが苦しむとき、聖霊は私たちの苦しみの深みにまで降りて来て、苦しみのうめきに共鳴されます。苦しみの中にいるとき、私たちの多くは孤独です。しかし、聖霊が私たちのうめきに合わせながら、心の最も深いところで私たちとつながろうとしてくださるので、私たちの孤独は癒されるのです。

苦悩は一気に取り去られないかもしれません。しかし、聖霊は私たちの痛みを自らの痛みとして引き受け、共に苦しんでくださる方です。私たちの内にいる聖霊が、だれよりも私たちの痛みをご存じであるということは、なんという慰めでしょうか。苦しみのとき、私たちとともにうめき、私たちの心の最も奥深くでつながろうとしてくださる、それが聖霊の癒しの方法なのです。

6　祈り・身体性

だれかに傷つけられたと思うとき、私たちの心には痛みが生まれ、それが怒りになることがあります。けれども、やがて「相手をゆるすことができたなら、本当はどんなに楽だろう」という思いが芽生えます。また、だれかを傷つけてしまったと気づいたとき、後悔と自責の念で頭がいっぱいになり、「本当の私の気持ちをわかってもらえたなら、ゆるしてもらえるかもしれない。でもどうすれば……」と悩みます。実に、私たちは進むべき方向を知っていながら、そこに向かって素直に進むことができない……そんなジレンマに陥っているのではないでしょうか。

わたしは、自分のしていることが分かりません。自分が望むことは実行せず、かえって憎んでいることをするからです。（ローマ七・一五）

私たちには「自分が本当にしたいと思うことがわからない」というときがあります。そして、「私にはわからない」と、神の前に降参宣言をするとき、それは、神の知恵と力を帯びた聖霊が働くチャンスです。なぜなら、私たちの心の深みにいる聖霊は、私たちの本当の願いをいちばんご存じだからです。聖霊が働かれるとき、万事が益となるように共に働くことを私たちは知っている、とパウロは語ります（ローマ八・二八）。いつが「その時」なのか、どのような形なのか、希望をもって準備をし、聖霊の働きを待ち望みたいと思います。何をすればよいかは、聖霊が「その時」に教えてくださることを信じて。

私たちはまだ見ていないものを望んでいるのですから、忍耐して待ち望みます。（ローマ八・二五、新改訳2017）

静まって、内なる聖霊に思いを寄せ、祈りのうちに呼びかけましょう。聖霊は速やかに私たちの心に伴い、深い願いにいのちを通わせ、私たちに語りかけてくださるでしょう。その語りかけは心と身体全体に響き渡ります。もしかすると、それは頭や理性が探しているものとは異なるメッセージかもしれません。聖霊が私たちの身体を通して、私たちの心が深く求めていることを示しておられるのかもしれません（Ⅰコリント二・一〇～一六）。聖霊の語りかけに心を向けるとき、相手に伝えたい自分の深い思いや本当の願いを伝える方法に気づかされるでしょう。

聖霊とともに歩もうとする人間を妨げようとするものがあります。心や身体の感じることが聖霊から来ているものか、そうでないのかを、とても慎重に見極める必要があります。そこで、落ち着いてこのように問うてみたいと思います（Ⅰヨハネ四・一～二）。

私たちの心と身体が求めていることは、イエス・キリストのご性質に似たものでしょうか。それは神の国の実現に仕えるものでしょうか。

7　聖霊とともに歩む

しかし、もし神の御霊《みたま》があなたがたのうちに住んでおられるなら、あなたがたは肉のうちにではなく、御霊のうちにいるのです。（ローマ八・九ａ、新改訳２０１７）

「困ったことがあったら、いつでも電話してね。必ずすぐに駆けつけるから」と言ってくれる親友がいたとしても、現実には、遠く離れた地からすぐに駆けつけることはできません。けれども、人のうちに宿っている聖霊は、人間同士では限界のある親密な交わりを可能になさいます（Ｊ・Ｄ・Ｇ・ダン『使徒パウロの神学』教文館、五〇九頁）。なぜなら聖霊は、時間や空間の制限を超えて人と交流できるからです。しかしそれだけではありません。

神の霊と人との親密な関係性は、人をすべての点で豊かにします（Ⅰコリント一・五）。聖霊は神の知恵そのものです。愛と慰め、いつくしみと憐《あわ》れみに満ち（フィリピ二・一）、私たちを内側から養い育ててくださいます。そして、私たちを惨めにする欲望から遠ざけ、愛を基盤とする生き方に導いてくださいます（ガラテヤ五・一六）。この聖霊とともに歩むとき、私たちは人間関係とコミュニケーションにおいて最も大切な要素である、愛、喜び、平和、寛容、親切、善意、誠実、柔和、また節制という実を結ぶことができます（ガラテヤ五・二二）。それは、イエス・キリストがこの地上で実践した生き方に倣《なら》って生きることを可能にするものです。

イエス・キリストを受け入れた私たちは、イエス様が歩んだように生きたいと願うようになります。ただし、人間として、この世において不完全な者である私たちは、自らの力だけでイエス様のように生きることには限界があります。私たちは助け手としての聖霊の力を必要としています。

神によってこの宇宙が創造されたその時から、創造のわざは今も続いています。そのわざを引き続き担っておられるのが聖霊です。聖霊は、私たちの中で働かれるのみならず、私たちを取り巻く人間関係、社会、そして自然界に満ちておられます。聖霊の助けを求めることは、私たちがそれまで経験したことのない祝福への扉を開くことになるのです。

8　泣きながら夜を過ごす人にも

泣きながら夜を過ごす人にも
喜びの歌と共に朝を迎えさせてくださる。（詩編三〇・六）

毎日健康に生きられ、会いたい人に会え、自分の願いどおりに物事が進むとき、私たちは幸せを感じます。健康でいられなくなったとき、会いたい人に会えないとき、自分の願いどおりに物事が進まないとき、私たちはいらだちや孤独を感じたり、悲しみや喪失感などを味わったりします。場合によっては涙を流します。それは私たちのいのちのうずきであり、孤独や悲しみや喪失感も大切な感情です。

幸せを味わうにせよ、悲しみを嘆き尽くすにせよ、寄り添ってくれるだれかがいてくれることは助けになります。たとえだれも寄り添って歩んでくれる人がいないように見えるときであっても、聖霊が包んでいてくださいます。

イエス・キリストが、喜んでいる人、泣いている人に寄り添って歩まれたように、もし、だれかが、喜んでいる私、泣いている私に寄り添って歩んでくれるなら、それは、そのだれかを通してイエス・キリストが働いておられる時です。私たちはひとりではありません。

人と人とのつながりは、土の器のようなもろさをもっています。本書では、聖書に聴きながら、対話が途切れそうに思えるときにも、対話をつなぎ、回復してゆく道を探ってきました。

「今泣いている人々は、幸いである、
あなたがたは笑うようになる。」（ルカ六・二一）

もろくも崩れ去ったつながりを前に打ちひしがれたとしても、つながりの回復へのわずかな兆しを見つけることができるなら、そこに、断片的ではあっても、神の国は姿を現しているに違いありません。

おわりに――新たな関係と対話に向かって

「未完の物語」としての関係と対話

キリスト教の土台である聖書は、立派で聡明《そうめい》な人たちの成功物語を収録した書物ではありません。むしろそこには、族長や王など指導的立場にある者も含め、すべての人間が失敗や背信を性懲《しょうこ》りもなく繰り返す愚かさと絶望的な破れが赤裸々に描かれています。しかし、聖書はそこで終わらず、闇の中に光が現れ、諦めの状態から希望が与えられ、新しい関係や対話が紡ぎ出されていくという真理を証言しているのです。聖書がベストセラーとして二千年ものあいだ世界中の人々に力と勇気を与え続けている理由の一つが、ここにあります。

この本を書いた研究会メンバーも、意見の食い違いや誤解などから、綱渡りのような状況をいくたびも経験してきました。経験も教会教派も異なるメンバーが集まって共同作業をするわけですから、衝突したり戸惑ったりすることはあって当然でしょう。そのたびごとに、私たちは、聖書における和解と祝福に満ちた物語に注目することで、そこでの神と人、人と人との対話を学んだだけでなく、定期的なオンライン会議と合宿などを通して、研究員同士の関係を互いに紡ぐことを大切にしてきました。

また、この本の中で紹介した事例では、家庭や職場、学校、教会、広くは社会などでよく体験する場面について、そこで何が起きているのか、どんな考え方が新しい可能性を開くのかを探求するなかで得られた新たな気づきや再発見が記されています。これは絶対に正しいものとして美しく完結するわけではなく、今もこれから後もこれらの小さな物語は「流れ」の中で様々な変容を繰り返しながら発展していきます。この未完の対話の物語を、読者の皆さんと少しでも共有できれば……、そんなささやかな願いを込めて執筆しました。

人生からの問いを深く生きる

そもそも「しあわせ」は可能なのでしょうか。自分のしあわせとだれかのしあわせは両立するものなのでしょうか。私たちが日常を生きるうえで、また、新聞やネットで配信されるニュースを観るときには、もっと多くの疑問や問いが浮かんでくるかもしれません。

家庭や学校、職場での人間関係がうまくいかなくなるのはなぜなのか。そこで「対話」が成立しないのはなぜなのか。和解や赦しを自分は経験したことがあるのか。自分や他者の痛みや嘆きに共感できない自分はダメなのか。「平和」とは具体的にどのような状態を指すのか。

あなた自身には、今、どんな問いが浮かんできていますか？

「生きるとは、問われていること、答えること。――自分自身の人生に責任をもつことである」とユダヤ人精神科医のV・E・フランクルは述べています（V・E・フランクル『それでも人生にイエスと言う』五七頁）。責任とは、もともとは何かに対して応答すること、応答する状態を意味します。たとえば、自分や他者の痛みに共感し、一緒にそれを担い合うことも応答の一つでしょう。人生という問いに答えるとは、ただいつも自分の人生に責任をもって応答していくこと。「人生の意味」は、私たちがそれを追い求めるのに先立って、すでに、今、ここに、人生のほうから送り届けられているのだから、私たち人間は、生きる意味があるか否かを問う必要はないというのです。むしろ様々な局面においてその都度、「人生から問われていること」に全力で応答していくこと、ただそれだけだといいます。「問い」を深く生きることこそ、深い「答え」を得ることにつながるからです。

実際には絶望にしか思えない闇のような現実に立ちつつも、そこに自らの生を支える基盤と、そこから派生するたしかな希望と光を再発見したのです。

「再発見」という新しさ

「再発見」と先に記しました。発見は、努力して、探し回って、ようやく未知の新しいものを見いだすことですが、その発見されたものは、実は私たちが発見する以前からすでにそこにあったはずのものなのです。たとえば、ニュートンは万有引力の法則を発見しましたが、発見する前から万有引力はありました。引力の発見は、自分の生きている世界の発見であり、この世界の中で生きている自己の再発見へとつながります。さらに、その喜びは、試行錯誤の結果、新しい何かを生み出し、作り上げるといった、いわゆる「発明」のそれでも、また未知なるものの発見でもありません。それは、自分自身の生の基盤の再発見の喜びでもあるのです。

この研究会で再発見したことの一つ、それは、私たちのコミュニティとは生命あるものすべて、ということです。

神が創造のわざを継続し、今も愛しておられるこの世界を大切にすることは、同じように、神が創造し愛してくださっている自分自身を大切にすることへとつながります。そして、自分を大切にする人は、真の意味において、他者を大切に想うことができる。しかし、それは一方通行ではなく、他者との出会いから自分を尊重することへと向かいます。循環的な関係がそこに生まれるのです。私たちは関係性やつながりの中で生き、生かされている存在です。個人のしあわせ、コミュニティのしあわせ、世界・宇宙のしあわせが、私自身と深く関わって、有機的につながっていることに気づかされます。第3章に収録したティク・ナット・ハン氏の「私を本当の名前で呼んでください」は、その深い意味を私たちに教えてくれています。

さらに、人生で起きていること、家族、コミュニティ、世界で起きていることも含めて、私たちは変化し続ける「流れ」の一部を担っているということ。愛や正義、希望、勇気も、一つの出来事で完成するもの、一つの解釈で完結する固定されたものというよりは、もっと大きな、目には見えないものとしてたゆまず流れ続けているものです。私たちは、他者や世界と相互に依存し合う関係性の中に生きています。自分をその大きなつながりの一員だととらえて、目に見えない大いなるいのちの源につながり続けるとき、私たちは常に新しい存在に創り変えられるでしょう。

「見えるもの」の中に「見えないもの」を

「平和の世紀」と期待された二十一世紀ですが、すでに二十年が経過した今も、紛争や「テロ」、環境破壊が繰り返され、その根っこにある憎しみや冷酷な怒りも一向に収まる気配はありません。出会いや物語の貧しさから、分断や対立、ヘイトクライムなどが引き起こされるのだとすれば、私たちは、与えられた自分の生をもう一度振り返って喜び、感謝し、日々学び、この世で労働し、奉仕するなかで、自己を含む他者との出会いをかけがえのない豊かな物語として編み続けたいのです。

また、二〇二〇年には新型コロナウイルス感染症が世界中で猛威を奮いました。人間による乱開発が、野生動物の生態系を脅かし、大量消費を支える大規模な環境破壊が、パンデミックのきっかけをつくったともいわれます。これは、神のようにふるまい続ける人間への警鐘かもしれません。今ここで、神と人間、人間と自然環境との関係やありようについて、共に考え続ける私たちでありたいと願っています。

日常を揺り動かす危機から「見えてくるもの」の多くは、全く新しい何ものかではなく、むしろ、私たちがこれまで見過ごしてきたものではないでしょうか。キリスト教の信仰は、現実の世界を覆って何かを夢想するということではなく、「見えるもの」の中に「見えないもの」を見いだし、再発見しようとする力にほかなりません。見ていたはずなのに通り過ごしてきたものを、私たちが取り戻すことで、私たちのいのちを支えている源に立ち返ることができると信じたいと思います。

神に立ち返るにはどうすればよいでしょうか。神の愛に応答する姿勢が霊性であり、その霊性のあり方は多様です。なぜなら、超越者である神は、無限に開かれた存在だからです。私たちが神を求めるとき、人と神の関係だけでなく、おのずと人と人との関係、人と社会との関係をも変えていくでしょう。私たちが人間関係とコミュニケーションを考えるとき、この「霊性」を抜きにして新たな発見や関係性、対話はもはやあり得ません。霊性には私たちの視座をさらに広げる働きと可能性があるからです。

神の創られた自然やいのちに対する畏敬の念をもち、その流れや営みに謙虚に学びたいと思います。そのときに私たちは、自分や他者とのつながり、過去と未来の世代を超えたつながり、世界とのつながりが確かに存在することに気がつきます。日常での再発見や気づきをもっとお互いに楽しみながら分かち合いたいのです。

参考文献

ジョアンナ・メイシー+クリス・ジョンストン著、三木直子訳『アクティブ・ホープ』春秋社、二〇一五年。

林忠良『〝生かされ〟つつ〝生きる〟』関西学院大学出版会、二〇一三年。

V・E・フランクル著、山田邦男・松田美佳訳『それでも人生にイエスと言う』春秋社、一九九三年。

若松英輔『弱さのちから』亜紀書房、二〇二〇年。

付録　和解の祝福を生きる　実践のために

1　NVCについて

この本では、人間関係やコミュニケーションへの理解を深めるため、また、隣人愛《りんじんあい》の実践へのヒントとして、NVCからの学びを活用しています。NVCとはどういうものか、概略をご紹介します。

(1) NVC (Nonviolent Communication)

一九七〇年代に、アメリカの臨床心理学者、マーシャル・B・ローゼンバーグ博士によって体系化され提唱された、自分の内と外に平和をつくるプロセスです。家族や友人から、職場や組織、国際関係まで、あらゆる人間関係を、支配、対立、緊張、依存の関係から、自由で思いやりにあふれた、お互いを豊かにし合う関係へと変えることを目的にデザインされています。何に着目して、どのように受け取って、何をどう語るか、という明確な技法であると同時に、私たちに「何のために、どう生きるか」を問う根源的な「意識」や「あり方」に触れるものでもあります。

(2) マーシャル・ローゼンバーグ

幼いころ、デトロイトでの激しい人種抗争の中、老いて寝たきりになった祖母を楽しそうに世話する叔父《おじ》を見て、「同じ人間を、一方で暴力に駆り立て、他方で優しさに向かわせるものは何なのか」に興味をもち始めました。ユダヤ人として差別を受けつつも、困っている人を見ればためらわずに（ときに何年も！）宿と食事を提供した祖母の生き方を「彼女なりのキリストが言わんとしたことの実践」であり、自身の精神性の礎《いしずえ》としています。

カール・ロジャースの研究に参加し、キング牧師の非暴力公民権運動に触発され、六〇年代にNVCの原型となる原理を発見してからは、積極的に難しい対話の現場に入って実践しながらプロセスを洗練していきました。七〇年代にNVCとして体系化してからは、荒れた学校、医師とスタッフの関係が硬直した病院、貧しい地域の住民と行政との話し合い、エルサレムのパレスチナ難民キャンプなど、請われるがままにどこへでも出かけて、対話による人間らしい関係づくりや修復を手伝うために世界を飛び回り、二〇一五年二月に八十一歳の生涯を閉じました。

(3) 大切な二つの問い（いのちを素晴らしくするゲーム）

マーシャルは、心理学だけでなく、比較宗教学や困難な状況の中で人間性を失わなかった非暴力実践者たちの実践を研究するうちに、二つの問いが、人間の本来の性質である思いやりを活性化させ、心から与えることと素直に受け取ることとの自然な循環を起こす鍵であることを発見しました。その問いとは、「何が今、私の（あなたの）中で活き活きしているのか」、「（お互いの）いのち／人生をもっと素晴らしくするには、何ができるか」の二つです。

「自分の中で生き生きしていること」とは、心や体の内側で本人だけが感じることのできる気持ちや心や身体の状態のことで、いのちの動き、と言ってもよいかもしれません。そのいのちの状態が、十分に満たされて素晴らしいときには、喜びや感謝が活き活きしていることでしょう。一方、いのちの状態が素晴らしくなるためにまだ何かが必要なときには、活き活きとしているのはその必要を満たしたい！という願いや、満たされていないことからくる不満や嘆きかもしれません。「活き活きしているもの」は必ずしも、いわゆる「プラスの感情」とは限りません。むしろ、「マイナスの感情」と呼ばれるものこそが、いのちが何を必要としているのかを教えてくれる大切な情報なのです。ありのままの心模様を、大切なものとして聞き合い、受けとめ合うことで、いのちといのちの間に、温かいつながりをつくろうとします。

二つめの問いは、そのいのちの必要を満たす方法にはどんなものがあるのか、だれが何を使って、どのように満たせる可能性があるか、に注意を向ける質問です。状況を好転させるために、自分自身でできること、相手にお願いすること、第三者に頼むことなど、様々な具体的な手段を見つけて「いのちを素晴らしくする」ための行動につなげるための問いです。必要が満たされていない状態にある人に、「問題のある人」、「手のかかる弱者」とレッテルを貼ったり、ある人の必要が満たされないのはだれのせいか、と「悪者」捜しをしたりする代わりに、「今、いのちを素晴らしくするための資源や力をもっている人はだれか」を捜して、「いのちを素晴らしくするゲーム」に誘います。

(4) どちらのゲームを選びますか

マーシャルは、人間が生来の優しさや思いやりを発揮できないのはなぜかを探求している間に、私たちが知らず知らずのうちに身につけている考え方や行動パターンがあることを見つけました。ユーモアを込めて、「どちらが正しいか、間違《まちが》っているかゲーム」と名づけられたその考え方は、現代のほとんどの国や地域に広がっていて、教育や文化、社会構造や経済の仕組みなどに反映されています。もっとも身近なゲームは、実は日常の話し言葉や、頭の中の言葉による思考でも行われています。「〜するべきなのに」と人を非難したり、「〜できない自分はダメだ」と自分を罰したり、自分の発言や行動を決めるときにほとんど無意識のうちに働く考え方として、「恥や罰を受ける恐れはないか」、「他の人の目にはどう映るか」という恐れの原理があったり、だれは称賛に値して、だれは冷遇に値するのかを、評価判断したりしています。

このゲームは、「人間は元来、自己中心で粗暴な生きものなので、王のような権力者が支配するか、道徳教育や法律のような仕組みをつくってコントロールすることが必要だ」という前提の上に成り立っています。このゲームのプレーヤーは、自分の外側にある基準に常に注意を払う必要があり、どのような局面でどう振る舞うべきか、幼いころから少しずつルールを学び、大人になる頃にはルールに従えなくて脱落または反逆するか、ルールを使いこなして階層構造の階段を昇りながら、終わることのない競争と多層化する役割をこなすのに忙しく、立ち止まって自分自身に立ち返ったり、ありのままの自分の複雑な感情の動きに注意を向けたりする暇などないのです。

マーシャルはユーモアを込めて、私たちに問いかけます。「いのちを素晴らしくするゲーム」と「どちらが正しいか、間違っているかゲーム」と、どちらのゲームを遊びたいかい？と。

(5) NVCの目指す世界と前提

NVCが目指す世界とは、人間が本来の姿で自分と相手、そして環境や自然を含む世界と調和して生きる世界です。そこでは「何が（だれが）正しくて、何が（だれが）間違っているか」に基づく評価判断、賞罰、分析や問題解決の代わりに、「だれが、何を必要としているか」に注意を向けます。今、ここにあるそれぞれのいのちの状態を共感的に受けとめ、互いが自分の力を自他の必要を満たすために活き活きと創造的に使う自然な分かち合いが巡《めぐ》る世界、すなわち、みんなが「いのちを素晴らしくするゲーム」を遊んでいる世界です。

その世界の前提の一例として、「人はだれでも、だれかの幸せに貢献できたときに最高の喜びを感じる」、「人間はだれでも、いのちが求める必要（ニーズ）をもっている」、「あらゆる行動は、何らかのニーズを満たそうとする試みである」、「私たち一人ひとりに、人生を素晴らしくする力がある」、「世界にはみんなのニーズを満たすのに十分な資源がある」などがあります。

(6) NVCは旅のガイド。旅人は私とあなた。

筆者が参加したトレーニングでマーシャルは、「自分は正解を知っているわけでも、自分が開発したプロセスをいつも実行できるわけでもない。ただ、自分が願う世界に生きたいと望んでいて、今、自分が知るかぎり最も役に立つ方法がNVCなので、それを分かち合い、実践しようと頑張っているだけだ。だれか、もっと楽に平和で自由な思いやりの循環がめぐる世界への道を見つけたら、ぜひ、教えてほしい」(筆者要約)と言っていました。NVCを学ぶときに覚えておきたい大切なことは、そこで紹介される技法も世界観も前提も、すべてがお誘いであり、仮説であるということです。「もし〜だと仮定したら」、「もしこれをやってみたら」、自分の世界がいのちの望む方向に展開するかどうか、自分で試してみて、役に立つことだけを役に立つかたちで取り入れることが重要です。

すでに自分自身や自分が属する文化の中でもっと簡単に心からの温かいつながりをつくる方法をもっていることに気づくかもしれません。それをお祝いし、大切にしましょう。

(7)「いのちを素晴らしくするゲーム」遊び方のコツ――四つの要素

自然な与え合いと受け取り合いが自由に行き来する関係構築のためにNVCが提唱する実践方法は、観察(Observation)、感情(Feeling)、ニーズ(Needs)、リクエスト(Request)の四つの要素に意識を向ける、という非常にシンプルなものです。英語の頭文字をとって以下、OFNRと呼びます。互いの人間性を認め合う温かいつながりをつくりにくくする要素として、善悪や優劣の評価判断、分析、先入観、決めつけ、表面的・短絡的な問題解決、支配(服従)、強要、取引などがあると考え、それらとOFNRを区別することがNVCスキルの第一歩となります。「何が今、私の(あなたの)中で活き活きしていますか」という問いに答えるとき、自分の中のOFNRを答え、相手の答えの中からOFNRを聴き取ろうとすることが、いのちを素晴らしくするゲームを楽しむコツなのです。以下、それぞれの要素について説明します。

「観察」（Observation）とは、自分に影響を与えている事柄の認識・認知の選択肢で、善悪や責任などの判断や過去の経験からの解釈などと区別して、自分に見えたり聞こえたりしたことに焦点をしぼります。たとえば、「妻は仕事優先で家庭を大切にしない」という代わりに、「今週、夕食にコンビニ弁当が並んだのは三回目だ」と観察します。すると、お昼に自分がコンビニ弁当を買って食べるときは何も感じないのに、夕食がコンビニ弁当だとがっかりするのはなぜだろう、と自分の心の動きに興味が湧いたり、妻はどうして料理する代わりにコンビニで弁当を買ったんだろうと、相手の事情に思いが向いたりする可能性が広がります。また、自分の視点からの観察を明確にして、相手の視点からはどんな観察があるだろうか、と視点の多様性を意識することも大切です。夕食に関する妻の観察は、「今週、夫は一度も夕食の準備をしていない」かもしれません。あるいは、「先週コンビニ弁当を夕食に用意したら、夫は『これ、すごく美味しいね！』とうれしそうに食べた」かもしれないのです。同じトピックであっても、何に注目してどの時間軸でとらえるかによって全く違う映像になり得ると考えると、相手の「観察」を受け取りやすくなります。

「感情」（Feeling）は文字どおり気持ちや心の状態のことです。カッとなる、ヘトヘトだ、などの身体感覚も含めて、今、この瞬間の人間のいのちの状態をありのままに受けとめて、名前をつけることを提案しています。感情にはいのちの状態を知らせる大切な役割がある、ととらえるので、いわゆる負の感情も否定したり無視したりせずに貴重な情報として丁寧に扱います。また、自分の内面に注意を向けたときに見つかる「裏切られた」「無視された」などの思いは、率直で無防備な点では感情に似ていますが、実際は相手の行動を「裏切り」や「無視」と解釈しています。そんな考えが浮かんだときに、「そう思うとき、自分の心と身体はどんな様子だろう？」

と意識をさらに心の奥に向け、自分の感情を理解する役に立てようとします。上の例では「ショックで縮こまっている」、「さびしい」などの表現で自分の感情に名前をつけることができます。感情の言葉と仲良くなるために、感情リストを載せてあるので、ご活用ください。

「ニーズ」(Needs)は、人間が生きるうえでどうしても必要なもの、大切なこと、いのちそのもの、いのちが生きようとするエネルギーのようなものを指し、いのちあるものすべてが等しく大切なものとしてもっているものです。それが満たされていると安心や嬉しさといった感情が現れ、満たされていないと怒りや恐れなどの感情が湧き起こります。人間でいえば、水、空気や安全といった身体的なものから、自由や選択、表現など個人に関わるもの、受容、貢献、信頼など関係性に関わるもの、愛、喜び、希望など霊性に関わるものなどがあります。

ニーズは普遍的《ふへんてき》であるがゆえに、特定の人、場所、時とは結びつきません。ニーズとそれを満たそうとする手段を区別することで、意見や信条の違いを超えて、それぞれにとって本当に大切なことを互いに理解して共感する可能性が開けます。それと同時に、自分の深いニーズにつながること(自己共感)自体が、自己理解と自己受容につながり、内なる平和をつくりだす役に立つ、と考えます。今、ここにいる自分には何が活き活きしていて、何を必要としているのか、「大切なこと(人類普遍のニーズ)リスト」の言葉と出合うことで、発見があるかもしれません。

「リクエスト」(Request)は、ニーズを満たすための手段で、「いのちを素晴らしくするゲーム」の二つめの問いの答えを自分やだれかにお願いすることです。具体的で今、実行可能な提案を、どうしてそうして欲しいのか、それによって満たしたいニーズとともに伝えます。

リクエストの目的は、相手に自分の思いどおりの行動を取らせることではなく、「いのちを素晴らしくするゲーム」に相手を招き入れることです。そのためには、リクエストを伝えたときに、「NO」という返事も含めて、相手の中で活き活きする気持ちやニーズをありのままに受けとめる準備が必要になります。深い願いであり、普遍的な質のような「ニーズ」にしっかりつながり、それを満たすための「手段」は無限にあり、様々な創意工夫が可能であることを思い出すことが役に立ちます。リクエストした最初の手段にNOが返ってきたときは、NOの背後にある相手のニーズに耳を傾け、それも考慮に入れた、双方にとって満足のいく手段を探す対話を始める絶好のチャンスととらえます。

ウェブサイト

NVCジャパン・ネットワーク　http://nvc-japan.net/　（日本語）

CNVC（Center for Nonviolent Communication）　https://www.cnvc.org/（英語）

文献

マーシャル・B・ローゼンバーグ著、安納献監訳『NVC――人と人の関係にいのちを吹き込む法　新版』日本経済新聞出版社、二〇一八年。

Marshall B. Rosenberg, *Speak Peace in a World of Conflict*, PuddleDancer Press, 2005.（海士の風出版より二〇二一年に、今井麻希子、鈴木重子、安納献共訳で日本語訳出版予定。）

ジム・マンスキー他著、川口久美子、きくちゆみ、後藤剛、後藤ゆうこ、長田誠司、三村修、森田玄訳『NVC――非暴力コミュニケーションスキル28――解放への道のり』新潟平和研究センター、二〇一六年。

感情や気持ち、身体が教えてくれることに耳を澄まそう

気持ちを表す言葉を木の葉っぱになぞらえました。これは、感情が風に揺られる木の葉のように揺れ動くこと、季節によって色を変えていく葉っぱのように刻々と移り変わっていくこと、また、どの状態の葉もそれぞれに美しく役割があるように、いわゆる「負の感情」も、いのちの状態を知らせる大切な役割があることを思い出すための工夫です。日本語は気持ちを表す言葉がほんとうに豊かな言語です。ご自分にしっくりくる言葉を集めて、自分だけの気持ちの木を作ってみてはいかがですか。

気持ち/感情ワード・リスト

喜びと充足の感情（主に必要が満たされているときに体験します）

愛情	自信	わくわく	平安
いとおしさ	力がみなぎる	うきうき	おだやか
親しさ・近しさ	誇らしい・得意	好奇心	明るい
心が開いた	のびのび	おどろき	落ち着いた
やさしさ	大丈夫	軽い	ほっとした
胸キュン	熱中した	エネルギッシュ	安心
しあわせ	意識がクリアな	やる気	安定
至福・うっとり	情熱・熱意	いきいき・快活	リラックスした
感謝・ありがたい	納得した	うれしい	満たされた
キラキラ	腑に落ちる	楽しい・愉快	信頼感
満ち足りた	すっきりした	心を動かされた	生まれ変わったような
励まされる	おおらかな	共鳴・共振	休息のとれた
楽観的な	解放された	感嘆・感激	いやされた
好き	晴れ晴れした	畏敬の念	ほぐれた

悲しみ、不安、怒りの感情（主に必要が満たされていないときに体験します）

恐怖と不安	**怒りと不満**	**悲しみと嘆き**	**痛みと弱さ**
こわい	イライラ	悲しい	つらい
不安	むかつく	がっかり・がっくり	憂鬱(ゆううつ)
心配	くそぉっ・悔しい	暗い	困った
びくびく・怯えた	腹が立つ	重い・どんより	心が痛む
恥ずかしい	頭にくる	不幸な	意気消沈
気が引ける	嫌悪感	絶望	傷ついた
こわばった	しゃくにさわる	失望	後悔した
防衛的な	欲求不満な	打ちひしがれる	くじけた
疑い	もどかしい	深く悲しむ	みじめな
不信感	きゅうくつな	胸がつぶれる思い	息が詰まる
ぞっとする	憤慨する	苦しい	心細い・気弱な
居心地が悪い	ふゆかい	むなしい	落ち込んだ
無念な	敵意・反感	うんざり	無力感
うらめしい	我慢ならない	ふさぎこむ	うらやましい

緊張	**困惑・動揺**	**疲労・無気力**	**孤独・あこがれ**
ドキッとする	もやもやする	へとへと・くたくた	さびしい
落ち着かない	途方に暮れる	疲れた	疎外感
ストレス	不安定な	燃え尽き感	打ちとけない
ぴりぴりした	おろおろする	無感覚の	無感動な
過敏な	心がかき乱された	無関心な	たいくつな
パニック	圧倒された	ボーっとする	冷たい
茫然(ぼうぜん)とした	集中できない	めんどうくさい	かたい
ショックを受ける	混乱した	だるい	渇望する
危機感	取り乱した	やる気がでない	感傷的な
引き裂かれる	どぎまぎした	眠い	なつかしい
あせる	行き詰まって	つまらない	切ない

ニーズ につながる—いのちにつながる

ニーズは私たちの感情の源であり、いのちの渇望であり、マーシャルの言葉を借りれば、「私たちだれもがそれによって生かされている神聖な生命のエネルギー」です。そのとらえどころのない神秘的なものを、忙しい私たちの日常生活で意識するために、マーシャルはその質のさまざまな色合いに名前をつけることを提案しました。次ページの大切なこと（人類普遍のニーズ）リストに、日本語ではどう呼ぶとしっくりくるか、ＮＶＣ実践者たちが試行錯誤の中で使ってきた言葉の一部が並んでいます。

これらの言葉は、文化や時代を超えて、人間であればだれもが必要とするものを表しています。言葉はあくまでもその必要の質を指し示すための名前であり、その質を想起するためのきっかけです。言葉の定義を探すよりも、その言葉が自分にとってどんな響きをもつのかを味わいましょう。世界のまだ見ぬだれかにとっては、どんな意味をもつだろうか、親の時代、祖父母の時代、未来の子どもたちにとってはどんな意味をもつのか、それを満たすためにどんな苦労があり、満たされたどんな喜びがあるのか、と想像をめぐらせてみるのもお勧めです。

まず基本の語彙《ごい》として、この表の言葉たちと仲良くなることをお勧めします。表をトイレや冷蔵庫に貼って、毎朝、目に留まった一つの言葉について思い巡らしたり、家族と話題にしたり、お子さんと一緒にニーズの絵を描いたり、いろいろな方法があります。

大切なことは、それぞれの言葉から、そのいのちのエネルギーの質感、手触り、温度、形、色あいなどをイメージして、自分の身体全体でその質とつながることです。音や動きで表現することが役に立つかもしれません。どんなときでも、活き活きとしたニーズの美しさを、自分自身やお互いの中に見つけられたら、「あなたと同じように、あなたの隣人を愛する」ことは意外と簡単かもしれません。

大切なこと（人類普遍のニーズ）リスト

生命・生活の維持
水
空気
食べ物
住まい
生命の危機からの保護
動くこと
健康
ふれること

自主性
本物であること
自発性
誠実さ
自由
自分で選ぶ・決める
統合
自分の世界への影響力《えいきょうりょく》
ありのままであること

守ること・休息
安心・安全
空間・スペース
支援・サポート
すこやかさ
秩序
安定・予測可能性
気楽さ
いやし
心の平安

あそび
表現
直感
創造性
学び
成長
楽しさ
ユーモア
冒険・挑戦

意味
目的
貢献
希望
美・うつくしさ
いのちの祝福
嘆き・悼《いた》むこと
霊的な表現
流れ

理解
聞いてもらうこと
見てもらうこと
共感的理解
受容
明確さ
頭が整理されること
現実の共有
真価《しんか》の承認《しょうにん》

思いやり
配慮（はいりょ）
心づかい
あたたかさ
尊重・尊敬
やさしさ
愛
ケア・お世話
自己受容
分かち合うこと
わらい

つながり
信頼（しんらい）
多様性（たようせい）
寛容（かんよう）さ
調和（ちょうわ）
大切にする・される
コミュニティ
含まれること
帰属（きぞく）
参加
相互性
応答
協力・協働
共感（きょうかん）
親密（しんみつ）さ
共生
存在・そこにいること
感謝
コミュニケーション
対等・平等
相互依存（そうごいぞん）

共感

NVCの共感とは、だれかのいのちがその瞬間どのような状態であるかに思いを向け、その人の経験をその人固有のものとして敬意をもって受けとめ、その人が本当に必要としていること（ニーズ）を、思いやりをもって理解しようと自分の存在を差し出すことです。言葉を返すこともありますが、無条件の肯定的な温かい関心を向けながら共にいることが何よりも大切です。

日常生活では、「同感（その気持ちわかるわ！）」「同調（そのとおりよね！）」「同情（それはかわいそうに）」の意味で「それには共感できる／できない」という表現を使いますが、ここで練習するのは、それとは異なる共感です。私がどう思うかとは全く関係なく、たとえ自分には絶対賛同できない意見や間違った認識のように思えることであっても、その人の立場（英語では「その人の靴を履く」という表現があります）に立つと何が見えるか、感じられるかを想像します。「気持ち」と「必要（ニーズ）」の言葉のリストを使うことで、自分の意見や解釈を交えずに、シンプルに相手の状況を推測するのに役立ちます。

NVCでは、観察、感情、ニーズを一つの文につなげた共感練習のための定型文があります。初めはぎこちない感じがすると思いますが、練習のための補助輪だと思って、試してみてください。慣れてきたら、自然な表現の中に感情やニーズを織り込んで、心からのつながりを意図した自分らしい話し方になってくるでしょう。

自己共感「私は（観察）を見る／聞くとき、（感情）な気持ちがします。それは（ニーズ）を必要としている／が大切だからなんです。」

他者への共感「（観察）を見る／聞くとき、あなたは（感情）な気持ちがしますか？　それは、（ニーズ）を必要としてる／が大切だからですか？」（あくまでも推測なので、敬意を持って質問の形をとります）

共感練習１：ストーリーの登場人物に共感してみよう

共感練習２　自分に共感する（自分を大切にする）プロセス

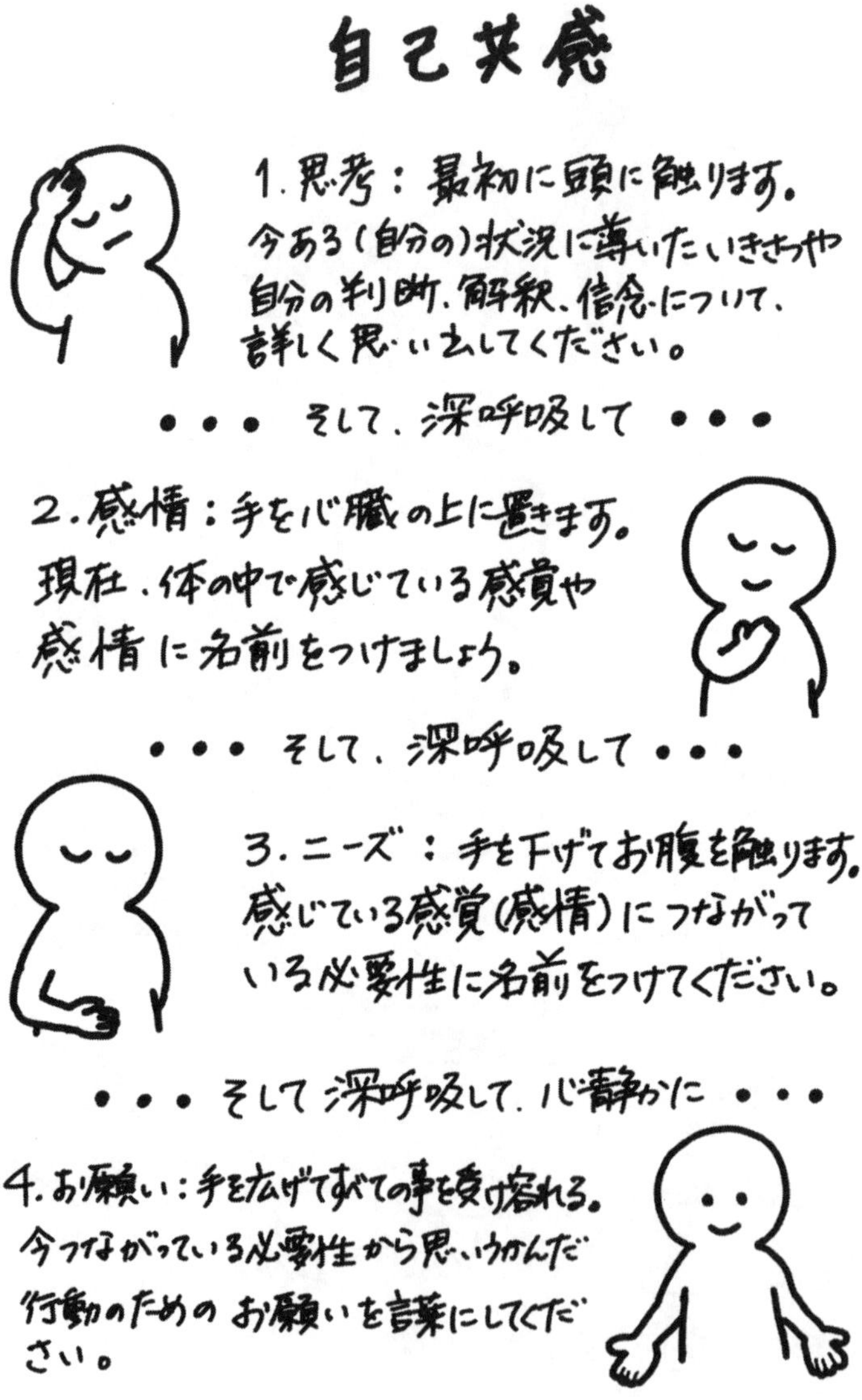
自己共感
1. 思考：最初に頭に触ります。
今ある（自分の）状況に導いたいきさつや
自分の判断、解釈、信念について、
詳しく思い出してください。
・・・ そして、深呼吸して ・・・
2. 感情：手を心臓の上に置きます。
現在、体の中で感じている感覚や
感情に名前をつけましょう。
・・・ そして、深呼吸して ・・・
3. ニーズ：手を下げてお腹を触ります。
感じている感覚（感情）につながって
いる必要性に名前をつけてください。
・・・ そして深呼吸して、心静かに ・・・
4. お願い：手を広げてすべての事を受け容れる。
今つながっている必要性から思い浮かんだ
行動のための お願いを言葉にしてください。

ジェシー・ヴィーンスとキャサリン・カデンの ZENVC 資料に基づく
https://zenvc.org

2　ファシリテーション

ファシリテーションとは？

ファシリテーション（facilitation）とは、人々の活動が容易にできるよう支援し、うまく事が運ぶよう舵《かじ》取りすること。集団による問題解決、アイデア創造、教育、学習等、あらゆる知識創造活動を支援し促進していく働きを意味します。その役割を担う人がファシリテーターであり、会議で言えば進行役にあたります。

ファシリテーターは、チーム活動の二つのプロセスに関わっていきます。一つは、段取り、進行、プログラムといった、活動の目的を達成するための外面的なプロセスです。もう一つは、メンバー一人ひとりの頭や心の中にある内面的なプロセスです（日本ファシリテーション協会ＨＰより引用）。

「コト」と「ヒト」と「ツナガリ」に働きかけるファシリテーション

コミュニティの中の話し合いにファシリテーションを活用することは、一人ひとりを尊重し、それぞれの中にある多様な賜物を活き活きと発揮させることを促します。ファシリテーションは話し合いの「コト」を扱うと同時に、「ヒト」や「ツナガリ」に働きかけます。

●コト

話し合いの内容や進め方、論点や流れ、意見の筋道（論理）や意見同士の関係など
話し合いが円滑に進んでコトが明確になったり、深く理解できたり、結論が出るよう働きかけます。

●ヒト

一人ひとりの気持ちや状態、どのくらい話せているかなど

一人ひとりが生き生きと話し合いに参加できるよう、質問したり、共感したりします。

また、全員が話しやすいよう進め方を工夫します。

●ツナガリ

話し合いの中にある人間関係や力関係、話し合いを妨げている関係があるか、など。人々の間のツナガリを見守り、育みます。話し合いの場の中にある関係に配慮し、対等に話せるよう働きかけます。対立が起きたときには、対立を解消するスキルを活用します。

ファシリテーションをうまく活用することで、話し合いの場を、お互いを尊重し合い、それぞれの良さを輝かせる、生きたイエス・キリストの身体のようにサポートできるのです。

ファシリテーションの効果と応用範囲

ファシリテーションは、会議やワークショップの進行に役立つスキルです。人々の話し合いをスムーズにし、より広く深い話し合いを促して、問題解決や意思決定を進めます。

ファシリテーションは、話し合う人の参画度や納得度を高め、相乗効果を発揮させます。そのため、話し合いの成果が出るだけではなく、話し合う人々の自律性を高め、チームでの学習をも促します。

複数の人が協働する場面であれば、ビジネスや教育、まちづくりなど、幅広く応用されます。教会の運営会議やコミュニティの小さなミーティングにも活用することができます。

ファシリテーション実践のヒント

ファシリテーションのスキルは多岐にわたりますが、そこから実践のヒントとなるものをいくつか紹介します。ファシリテーションについては、この本の事例の中にも書かれています（第1章参照）。詳しいことについては、後に紹介するサイトや書籍からさらに学んでください。

●話し合いをデザインする

どんな話し合いであっても、次の項目について事前にデザインしておきましょう。

①話し合いの目的（何のために話し合うのか）
②話し合いの目標（どこまで話すのか〜結論を出すのか、まず意見を聴き合うのか、など）
③話し合う項目と進め方（議題やアジェンダ、話す順番、かける時間、話す方法、など）
④参加する人（メンバー・人数）と役割分担
⑤話し合いのルール（全員が気をつけたいこと、自分たちの特性に合わせて決めるとよいでしょう）

大切なのは、これらの五つを話し合う前に全員で確認することです。特に、目的や目標が曖昧な話し合いはうまくいかないことが多いので、初めに全員で理解できるようにしましょう。

●場のレイアウトをデザインする

机や椅子をどのようにレイアウトするかで話し合いの雰囲気が大きく変わります。話し合いの人数を二〜三人の少人数に分けて話しやすくしたり、全員で話すため大人数で輪になって話したり、話し合いの場面によってレイアウトを変えることもできます。

サークル型――輪になって座る。お互いの顔が見える対等な関係を促します。

アイランド型――机と椅子で島型に配置し、少人数でじっくり話し合う場をつくります。

コの字型――会議ではよくあるレイアウトです。コの字の大きさによってはお互いの距離が開き、話しにくくなることがあります。

スクール型――多くの人数を収容するために使われることのあるレイアウトですが、意見を言いにくかったり、上下関係ができやすくなったりするなどの難しさがあります。

●話し合いを可視化する

話し合いの過程をホワイトボードや模造紙などに記録し、全員で見ながら話すことで、話し合いを活性化することができます。話し合いの可視化の効果には、次のようなものがあります。

・話し合いの過程が見えるようになる
・声の大きい人の意見も小さい人の意見も、対等に記録に残る
・今話しているポイントがわかりやすく、集中できる
・話し合いながら、大切なことやポイントを強調したり、意見の関係をつないだりできる
・話し合いの全体を見渡せる

話し合いを文字や図表で描くことをファシリテーション・グラフィックと呼んだりします。

●様々な話し合いのプロセス（進め方）

会議であれば、議題を決めてその順序とかける時間を決めます。

話し合いで物事を決定するときの基本的なプロセスに「発散収束型」があります。また、効果的に話し合いを進めるために、多くの先人が一連のプロセスを考え出しています。

例――マグネットテーブル、フィッシュボール、ワールドカフェ、オープンスペーステクノロジー、アート・オブ・ホスティング

詳しいことは、参考書籍などで確認してください。

●ディスカッションと対話（ダイアローグ）

話し合いには、大きく分けて「議論（ディスカッション）」と「対話（ダイアローグ）」の二つがあります。こ

の本の中では、しばしば対話の重要性について触れています。

議論は、話し合いの結果、どちらが正しいか（望ましいか）を決める話し合いです。それに対して、対話はどちらが正しいか（望ましいか）ではなく、お互いの背景や意味を聴き合う話し合いです。そのことによって、より深くお互いと物事を理解し、新しい視座や視野、視点を得て、お互いが変容するのです。

一人ひとりのいのちが輝き、同時にコミュニティのつながりが深まるのであれば、話し合いはコミュニティへの贈り物となります。コミュニティの中の話し合いを活き活きとしたものとするため、ファシリテーションを上手に活用してはどうでしょう。

ウェブサイト

特定非営利活動法人 日本ファシリテーション協会　https://faj.or.jp/

文献

堀公俊『ファシリテーション入門』日本経済新聞出版、二〇一八年。
森時彦、ファシリテーターの道具箱研究会『図解 組織を変えるファシリテーターの道具箱――働きがいと成果を両立させるパワーツール50』ダイヤモンド社、二〇二〇年。
徳田太郎・鈴木まり子『ソーシャル・ファシリテーション――「ともに社会をつくる関係」を育む技法』北樹出版、二〇二一年。

3　ユマニチュード

ユマニチュードとは、体育学教師ジネストとマレスコッティによる造語であり、「人間らしくある状況」を指します。ユマニチュードは、知覚・感情・言語による包括的コミュニケーションに基づいたケアの技法です。様々な機能が低下して他者に依存しなければならない状況になったとしても、最期の日まで尊厳をもって暮らし、その生涯を通じて「人間らしい」存在であり続けることを支えるために、ケアを行う人がケアの対象者に、「あなたのことを、私は大切に思っています」というメッセージを常に発信することを助けます。「あなたは大切な人です」という言語および非言語によるメッセージの発信は、基本的なスピリチュアルケアにつながります。

ユマニチュードの四つの基本柱（見る、話す、触れる、立つ）のうち、身近な人間関係にも取り入れられる技法をご紹介します。

①見る

ポジティブなメッセージを相手に送るために水平な高さで、正面の位置から、近い距離で、時間的に長く相手を見ます。垂直（上からの目線）、横からの話しかけ、近づかずに遠くから、時間的に短く見る、などの態度は、人を支配し、見下《みくだ》すことを意味します。

また、相手を見ないということは、相手を無視することと同じです。「見る」ためには、相手の視線をつかみにいかねばなりません。ケアをする人は、受ける人の正面から近づき、視線をつかみにいき、つかみ続けます。「見る」ためには、〇・五秒以上のアイコンタクトが必要です。それは「あなたの存在を認めていますよ」というメッセージとなります。目が合ったら、二秒くらい以内に話しかけます。自分が相手に敵意をもっていないことを示す目的です。赤ちゃんを見つめる母親のまなざしは、優しく愛情にあふれています。人は生まれながらの自然な反応として、嫌なもの、怖いものを見ようとしません。相手を見ないとはあなたは存在しないというメッセージを送っていることになります。

②話す

穏やかに、ゆっくり、前向きな言葉を用いて話しかけます。相手から返事がないか、意図した反応がない場合は、自分の手の動きを実況中継のように話します。「オートフィードバック」を用いて、言葉を絶やさないようにします。話しかけるときの声のトーンは「優しく、歌うように、穏やかに」します。相手の反応が得られない場合には、何をしているのか「ケアの実況中継と予告」を行うことで、不安を感じることのないよう、語りかけを絶やさぬよう努めます。反応がないからといって話しかけないということは、「見ない」と同様です。相手が「存在しない」というメッセージを発していることになってしまいます。

③触れる

触れるときは決して親指をかけて鷲《わし》づかみにしたり、指先だけで触れたりしないようにします。それは、認知症の人に「攻撃」のメッセージととらえられてしまいます。広く、柔らかく、ゆっくり、撫《な》でるように、包み込むように触れることで、「愛情」を伝えることができます。ケアの途中で「右手を挙げてください」など、本人に協力を仰ぐことで関節や筋肉を動かし、脳に刺激を与えることができます。ただし、サポートが必要な場合の「触れる」という行為には慎重さが求められます。たとえば、相手に害を与えない（睡眠を妨げない、抑制をしない、脇を持ち上げない）、また、ケアの際にいきなり、プライベートゾーンである手や顔に手を置かないということなどです。

ウェブサイト

一般社団法人日本ユマニチュード学会　https://miitus.jp/t/jhuma/overviews/　https://jhuma.org/

文献

本田美和子、ロゼット・マレスコッティ、イヴ・ジネスト『ユマニチュード入門』医学書院、二〇一四年。
「リクルートドクターズキャリア」特集一覧——ユマニチュードの哲学とは
https://www.recruit-dc.co.jp/contents_feature/

4　役に立つその他の様々な手法、研究、実践

〈観想的な祈り　イグナチオ・デ・ロヨラの霊操〉

カトリックの伝統の中で、祈りには口禱《くとう》と念禱《ねんとう》があり、念禱の一つの形に「観想」という祈り方がある。観想的な祈りは、考えることよりも感じることや味わうことに重点を置いている。健全な身体をつくり整えるために行うことを「体操」と言うが、十六世紀初頭の修道士イグナチオ・デ・ロヨラは、魂を活性化させ神の意思との直接的な接触を目指すことを「霊操」と呼んだ。自分を深め、自分と出会い、ありのままの自分で神との親しさを味わう体験の方法が霊操である。

自分と深くつながり、そこから神とつながる一つの方法として紹介する。

ウェブサイト

霊性センターせせらぎ　https://seseragi-sc.jp/

文献

イグナチオ・デ・ロヨラ著、門脇佳吉訳『霊操』岩波書店、一九九五年。

イシドロ・リバス著『祈りを深めるために（その1）』新世社、二〇〇一年。

〈キング牧師の推薦によりノーベル平和賞候補にもなったベトナム出身の僧侶ティク・ナット・ハンのマインドフルネス〉

「マインドフルネス」とは、「今という瞬間《とき》に目覚めている力（エネルギー）」である。毎日の生活の一瞬一瞬で、生きることに深く触れることを続けていくよう実践する。マインドフルネスをプラクティス（実践／練習）すると、他の人たちとのつながり・絆が見えてくる。自分が充実してプラクティスし、他の人を支えるためには、コミュニティ（共同体）が必要である。

仏教では、プラクティスのコミュニティを「サンガ」（僧伽）と言う。マインドフルネスは集合的なサンガ・エネルギーとなるときに、さらに大きないやしと平和を、私たちにもたらす。

ウェブサイト

「マウンテン・オブ・ハーモニー・サンガ」～ティク・ナット・ハンとプラムヴィレッジの伝統による～（プラムヴィレッジ・サンガ・ジャパン・ネットワークを改称） https://www.tnhjapan.org/

文献

『ティク・ナット・ハン詩集　私を本当の名前で呼んでください』野草社、二〇一九年。

新版『生けるブッダ、生けるキリスト』春秋社、二〇一七年。

ティク・ナット・ハン著、池田久代訳『〈気づき〉の奇跡――暮らしのなかの瞑想入門』春秋社、二〇一四年。

〈来談者中心療法〉

カール・ロジャース（一九〇二～一九八七年）の提唱よるもので、人はそれぞれ自己を成長させる資源をもっている、ということへの信頼に基づいている。その中心的仮説は、クライエントとセラピストの関係の中で、セラピストがクライエントに対して、変化のための風土を提供すれば、クライエントの中の資源は動き始める、というものである。人間成長のために必要で十分な三つの条件をロジャースは示している。

①自己一致――セラピストがセラピスト自身に対して、ありのままでいること。

②無条件の肯定的配慮――クライエントの中で起きていることが何であれ、セラピストが全面的に尊重すること。

③共感的理解――クライエントが体験しつつある感情やその意味づけをセラピストが正確に感じ取り、その理解をクライエントに伝えること。

〈プロセスワーク（プロセス指向心理学）〉

プロセス指向心理学（ＰＯＰ）は、ユング（一八七五～一九六一年）を継承し、アーノルド・ミンデル（一九四〇年～）によって展開された。

ＰＯＰでは、人間の意識を「流れ」「プロセス」としてとらえ、一人の人間の意識の中に複数のプロセスが流れていると見る。本人が自覚している意識の流れを一次プロセス、自覚していない意識の流れを二次プロセスと呼ぶ。また、夢や、頭痛や肩こりのような身体症状、あるいは人間関係における諸問題を二次プロセスからのシグナルであると考える。そのシグナルを手掛かりにして、意識の流れに意図的に介入し、それまで自覚していなかった意識の流れを自覚する作業をプロセスワークと呼ぶ。

自覚している意識の領域を広げ、自覚していない意識を自覚しようとすると、見えない壁のようなものに突き当たる場合がある。それをエッジと呼ぶ。エッジに差し掛かっている状態は、居心地のよい状態ではないが、ＰＯＰでは、あえてその状態にとどまり、その感覚をじっくりと味わうことを大切にする。

二次プロセスからのメッセージに気がつくと、繰り返し見ていた夢を見なくなったり、身体症状が緩和されたり、人間関係の問題が解決したりする場合がある。

ウェブサイト

一般社団法人 日本プロセスワークセンター　https://jpwc.or.jp/

文献

アーノルド・ミンデル著、青木聡訳『紛争の心理学――融合の炎のワーク』講談社、二〇〇一年。

ジュリー・ダイアモンド、リー・スパーク・ジョーンズ著、松村憲、田所真生子、青木総訳『プロセスワーク入門――歩くことで創られる道』コスモス・ライブラリー、二〇一八年。

〈アクティブ・ホープ（つながりを取り戻すワーク）〉

仏教学者であり、社会活動家であるジョアンナ・メイシーが長年の活動経験から編み出した考え方とその実践方法。ワークショップでは、社会問題や原発事故、紛争などによって感じる世界や地球への絶望としっかり向き合い、その自分の中の痛みは愛あればこそであることを認識することによって、生命のつながりへの目覚めを深める。それが、一人ひとりの内側にある声・智慧・力、そして他者との深いつながりをとり戻すワークであることから、「つながりを取り戻すワーク」へと名を変えた。

アクティブ・ホープとは、状況が自分にとって望ましいときに自然と湧いてくるものだと考えられがちな「希望」が、実は状況がどうであるかにかかわらず、自分が選ぶことのできるものだという考え方である。

ウェブサイト

つながりを取り戻すワーク実行委員会　https://activehope.jp/

文献
ジョアンナ・メイシー、クリス・ジョンストン著、三木直子訳『アクティブ・ホープ』春秋社、二〇一五年。
ジョアンナ・メイシー、モリー・ヤング・ブラウン著、齋藤由香訳『カミング・バック・トゥ・ライフ――生命への回帰』サンガ、二〇二〇年。

〈英連邦戦没捕虜追悼礼拝〉

連合軍捕虜のうち、一千八百余名は、横浜市保土ヶ谷の英連邦戦死者墓地に眠っている。それらの犠牲者の家族、その身近な方々の日本軍に対する怨念の深さは計り知れない。そこで戦後五十年を機に、一九九五年、この墓地で初めての「戦没捕虜追悼礼拝」が執り行われた。礼拝の原点は、憎しみの消えない犠牲者と日本人との和解のきっかけが与えられることである。それにより、世界の恒久平和の実現が可能になると信じる。

問い合わせ先
英連邦戦没捕虜追悼礼拝実行委員会
ウェブサイト
https://pow-memorial-service.amebaownd.com/

文献
アーネスト・ゴードン著、斉藤和明訳『クワイ河収容所』筑摩書房、一九九五年。
英連邦戦没捕虜追悼礼拝実行委員会編『平和と和解への道のり――二十年の歩み』キンコー、二〇一五年。
永瀬隆著訳『クワイ河捕虜墓地捜索行――もうひとつの「戦場にかける橋」』社会思想社、一九八八年。

あとがき――私たちの物語

この本の執筆者は、富坂キリスト教センターの「人間関係とコミュニケーション」研究会に属する六人のメンバーです。三年間の研究期間の中で、私たちは半年ごとの合宿と、合宿の間にもたれる月一～四回のインターネット会議アプリZoomを使ったミーティングで互いの研究を分かち合い深めてきました。

研究がちょうど中盤に差し掛かったころ、メンバーの一人が進行性の病を患い、言葉による研究会への参加ができなくなってしまいました。コミュニケーションの多くは言語で行われます。それが難しくなった場合、私たちは互いにどのようにつながっていったらよいのでしょう。また、言葉を用いることができなくなった人の、神とのつながりはどうなるのでしょうか。「人間関係とコミュニケーション」を研究する私たちにとって大きな挑戦が投げかけられました。本書は、そのような意味でまさしく、言葉を超えたコミュニケーションの方法を祈りつつ歩んできた私たちの記録でもあります。

白石先生のこと

私たち研究会のメンバーはそれぞれ、教会の教職者、企業の役職者、高校教師、大学教員などの社会経験をもち、信仰背景も様々です。その中で、白石先生は年長者でありながら常に謙虚な姿勢で、私たちを温かく見守ってくださっていました。

カウンセリングを専門とする先生に、私たちは研究会の合宿中や討議の合間に、先生と個人的にお話しできる状況になるたびに、代わる代わるそのときの思いを聴いていただきました。先生は穏やかな笑顔で、じっと私たちの話に耳を傾けて、「そうですか」、「それはたいへんでしたね」と、柔らかく私たちを包んでくださるのでした。

教会の牧師をしながら、先生は家族問題のカウンセリングに長年取り組んでこられました。その働きの中で、カルト団体から脱会し不安の中にいる元信者と出会い、その方々が相談できる場としてご自身を差し出してこられたのです。そして、脱会者のご家族の相談にも応じてこられました。ご家族が脱会者の受け皿として、癒《いや》しの場となるようにとの考えからでした。

異変の兆し

二〇一九年秋、「体調が思わしくないので、インターネット会議をしばらくお休みします」と先生からの連絡がありました。年が明けて、気になった私は、思い切って先生に電話し、様子をお尋ねしました。すると、先生はためらわずに、身体の動きが難しくなる進行性の難病との診断を受けた旨を話してくださいました。にわかには信じられず耳を疑いました。

それから数週間後、メンバーの一人が先生をお訪ねしました。そのときの様子をインターネット会議で聞いた私たちは、先生のお話に間違いがないことを知ったのです。

療養生活への移行

その後まもなく、先生は入院されました。そのころ、新型コロナ・ウイルスの感染がすでに拡大し、入院中の先生と自由に面会できない状況になっていました。新型コロナ感染拡大は長期化し、先生とご家族の面会までも制限されるなか、病は密かに進行し、いつしか先生は車椅子での生活となり、長期療養型病院に移られることになりました。診断を受けて半年という短い間の出来事でした。先生は、病の進行が非可逆性のものであるという認識から、教会の牧会の責任を辞し、療養生活に入ることを決断されました。

孤立する環境

先生が療養しておられる病院は、深い緑の森に囲まれ、ゆったりとした時間が流れるところにあります。先生はそこで、穏やかな日々を過ごしておられるとうかがっています。しかし、新型コロナ・ウイルス感染予防のため、依然、ご家族との面会にも制限があり、外部から切り離された状態となっています。親しい人々とのつながりや教会の交わりが絶たれることで、先生のたましいの健康までも損なわれてしまうのではないかと案じられました。

さらなる気がかりは、先生の病が、身体の動きのみならず、会話も難しくなり、言葉で思いを表現する自由までもが次第に失われる過酷なものだということでした。実は言葉だけはありません、記憶もまばらに失われていく病でもありました。それは、先生とご家族にとって、メールや電話という手段ですらコミュニケーションを取るのが難しくなっていくことを意味したのです。

ビデオメッセージでつながる

私たちは何らかの方法で先生とつながることができないかと考え、ビデオメッセージをお届けすることを思いつきました。研究の進捗《しんちょく》状況や、私たちメンバーの近況を知り、先生がこの研究に関心をもち続け、心の祈りの中で参加していただけるようにと願ったからです。そこで、五人がそれぞれの地で撮影した動画メッセージを一つに編集しました。また合宿の際は、五人による賛美と踊り、そして先生へのメッセージを収録しました。それらをＹｏｕＴｕｂｅの限定配信のかたちで送り、ご家族の面会時に先生に見ていただきました。ご家族からは、私たちに先生のお写真が届けられました。療養先においても笑顔をたたえた姿に私たちは安心を覚えました。

私たちと先生は今、リアルタイムのコミュニケーションはできません。しかし、神が人に与えてくださる知恵と技術、そしてご家族の助けによって、先生とのつながりが与えられていることを感謝しています。

祈りでつながる

研究成果の出版に向けて、二〇二〇年四月以降、私たちメンバーはより頻繁にインターネット会議をもつようになりました。メンバーの所在は北海道から沖縄まで散らばっていますが、オンラインで毎週顔を合わせました。ある時から私たちは、オンライン会議の初めに祈りの時をもつようになりました。それは、会議に参加できない先生ともなんとかつながりたいと願ったからです。

祈りは、神の霊（聖霊）の働きによって、先生と私たちがつながるだけでなく、研究成果を本にまとめる過程においても、私たちの思いと先生の思いの統合を可能にすることを、私たちは信じています。同じ神から霊をいただいた者たちの間には、聖霊が距離を超えてキリストの身体として一致を可能としてくださることを、聖書は約束しているからです（Iコリント一二・一三）。

そんな私たちの思いを汲《く》み取り、橋渡しを助けてくださっている方がいます。それは妻の伊都子さんです。先生の療養生活の様子や主治医からのお話、面会時の先生と娘さんのやりとりなどご家族の大切なエピソードまで、伊都子さんは惜しみなく分かち合ってくださいます。私たちにはそれによって先生の存在をさらに身近に感じることができ、より具体的な祈りをささげられるようになりました。

先生と神とのつながり

思いはあるけれども言葉にならない、そんなもどかしい体験をされたことがあるでしょうか。白石先生は今ずっとそのような状態の中におられます。そんな先生の心の中ではいったい何が起こっているのでしょう。他者と言葉で関われないとしたら、関係性は希薄になり、孤独の世界に閉じ込められてしまうのでしょうか。

「見よ。わたしは世の終わりまで、いつもあなたがたとともにいます」（マタイ二八・二〇、新改訳2017）。

神は私たちを決してひとりにしない、と約束しておられます。では、どのように神は共にいてくださるのでしょう。聖書は、神が聖霊という形で私たちの中にいるようにしてくださったと言っています（ヨハネ一四・一六）。聖霊は人のたましいの中に浸透することができるため、だれよりも深く私たちを理解する友となってくださるのです。

病院にいる先生を訪問した伊都子さんから、先生は身体の不自由さや痛みを経験されながらも、多くの時間を穏やかに過ごしておられるとうかがいました。ご家族や親しい人々から遠く離れた場所にいながらも、心安らかでおられるのは、先生のたましいの中で聖霊との友情が育まれ、日々豊かにたましいが養われているためではないでしょうか。

そこで私たちは、会議の初めにいつも祈ります。先生のたましいの中で聖霊との豊かな交わりがあり、先生が内側から健やかにされますように、先生が人知れず苦しむときに聖霊が苦しみの中に共にいてくださいますように、そして、遠く離れたところにいる先生と私たちが、聖霊によってつながることができますように、と。

先生と私たちのこれから

「どんな時にも人生には意味がある」という精神科医のV・フランクルの思想に、先生は特別な思いをもっておられます。フランクルは、彼自身が死と隣り合わせの絶望としか思えない闇のような現実の中にあって、自分を見失わずに生き抜きました。それは、自分の内面だけでなく、外側、つまり自分の向こう側にある自分の人生から聞こえてくる声にも耳を澄ませたからでした。

人生から聞こえてくる問いに応えるとは、様々な耐え難い状況に直面するとき、そこに「意味と使命」を発見し、実現するように日々全力で生きていくことである、とフランクルは語りました。先生はカウンセラーとして、長年人々に「あなたの人生には意味がある」と伝え続けてこられました。相談者がこの素晴らしい真実に目が開かれるのを援助することは、先生にとって大いなる喜びだったことでしょう。

私たちは、本書に「和解の祝福を生きる」というテーマを設定し、実際にそれを「生きる」ことを目標に、この本を書いてきました。白石先生の状況においては、進行を止めることのできない難しい病と和解して、共に歩むことになったということになるのでしょうか。言葉で人とつながることや、自由に動くことができなくなっていく身体を、いつくしみ受け入れることを通して、先生は神の用意された人生の意味と新たな使命に目覚められたのかもしれません。そこにはきっと、神に招かれた人にしか味わうことのできない祝福に満ちた世界があるのでしょう。私たちの研究会が目標にし続けてきた「和解の祝福を生きる」とはいったいどう生きることなのか、先生はご自身をもって語っておられると私たちは感じています。

六人の研究会メンバーの中で、病のゆえに最も弱い立場に置かれた先生が、このように本書の中心的なメッセージを語ってくださっていることに、私たちは深い感動を覚えます。キリストの身体の中で、弱いと見える部分に神は特別に目を留め、そこに重要な役割を与えておられます。「弱さ」は神の働かれる場、そして祝福が生まれる泉です。今まさに私たちはそこに、神の光を見ているのです。

研究が終わりに近づくにつれ、私たちメンバーはよりいっそう強い絆《きずな》で結び合わされてきました。それは、互いが自らの弱さを隠さず、弱さによってつながることを、体験によって学んでこられたからかもしれません。そして気づけば、白石先生の弱さという神から与えられた特別な贈り物によって、研究会全体が優しく包まれていてくださっているのかもしれません。いえ、そのような不思議な感覚を味わっています。それはもしかすると、神が私たちに約束し、無条件に祝福してくださっている、それぞれの「いのち」を、私たちが互いに受け入れられたからかもしれません。

白石先生の療養生活はこれからも続きます。先生は、患者という姿の神の僕《しもべ》として、牧師の働きを続けておられます。車椅子に座り、あるいはベッドに横になった姿のまま、言葉数も少ないことでしょう。けれども、先生をケアする人々は、不自由な状況にあってもなお穏やかな笑顔をたたえておられる先生の佇《たたず》まいから、「人生にはそのときどきに意味と使命があり、それを全うする力を神は与えてくださる」という和解のメッセージを、先生から受け取っているのではないかと思います。

私たちもそれぞれに、神の僕として遣わされたところで、和解の祝福を生きる冒険に出かけていきましょう。

最後になりましたが、本書の出版をお引き受けくださったいのちのことば社に感謝を申し上げます。また、本書を読み、感動と共感をもって装丁をお引き受けくださったトリオデザインの藤原俊和さんと直美さんに、そして、白石先生と五人のメンバーの橋渡しをし、先生を含めた六人でこの本を出版することにご尽力くださった白石伊都子さんに、心からの感謝を申し上げます。

二〇二一年二月

富坂キリスト教センター「人間関係とコミュニケーション研究会」座長

田代麻里江

著者プロフィール

田代麻里江（たしろ・まりえ）
日本・米国・バングラデシュ等で医療公衆衛生活動と教育に従事、関西学院大学大学院神学研究科を経て、二〇二一年より日本福音自由教会・クライストコミュニティ牧師／チャプレン。

小笠原春野（おがさわら・はるの）
日本同盟基督教団国立キリスト教会で受洗。ジュネーブ福音ルーテル教会英語集会、ICU教会を経て、沖縄移住後は日本キリスト教団西原教会員。元都立高校教員。CNVC認定NVCトレーナー。

酒井麻里（さかい・まり）
カトリック山鼻教会信徒。企業にてITエンジニアを経て、人財開発等に従事。ファシリテーター・コンサルタントとして独立。日本ファシリテーション協会会員。IAF認定プロフェッショナル・ファシリテーター。

白石多美出（しらいし・だびで）
日本基督教団春日部教会元牧師、JTJ宣教神学校生涯学習部カウンセリングコース元講師、JWTC（エホバの証人をキリストへ）元カウンセラー／講師。

三村　修（みむら・おさむ）
日本基督教団佐渡教会牧師。新潟平和研究センター（ＣＰＳＮ）研究員。非暴力トレーニングのための「佐渡ピース・キャンプ」企画・運営。富坂キリスト教センター運営委員。

岡田　仁（おかだ・ひとし）
富坂キリスト教センター総主事。同センター「人間関係とコミュニケーション研究会」担当主事。日本基督教団牧師。明治学院大学非常勤講師。

いのちにつながるコミュニケーション
──和解の祝福を生きる

2021年3月31日 発行
2021年6月10日 再刷

著　者　田代麻里江・小笠原春野・酒井麻里
　　　　白石多美出・三村 修・岡田 仁

編　者　(公財)基督教イースト・エイジャ・ミッション
　　　　富坂キリスト教センター

印刷製本　シナノ株式会社

発　行　いのちのことば社
　　　　〒164-0001 東京都中野区中野2-1-5
　　　　電話 03-5341-6922（編集）
　　　　　　 03-5341-6920（営業）
　　　　FAX03-5341-6921
　　　　e-mail:support@wlpm.or.jp
　　　　http://www.wlpm.or.jp/

ISBN978-4-264-04253-2